Encontro de Poetas

Vol.4

RECOMEÇOS

1° Edição
Edição independente

Todos os direitos reservados
João Paulo Brasileiro
Email – joaopaulobrasileiroescritor@gmail.com

Capas – Revisão - Diagramação – JPC Editor - Antonio Teixeira
Coordenação de imagens – JPC Editor - Carla Priscila Ferreira Barcelos
e-mail: jpceditores.publicidade@bol.com.br

Imagens de capa - GOOGLE

É proibida qualquer utilização para fins lucrativos da íntegra ou parte desta obra sem a devida autorização de seu autor.

Obra e Autores protegidos pela lei n° 10.994 de 14/12/2004

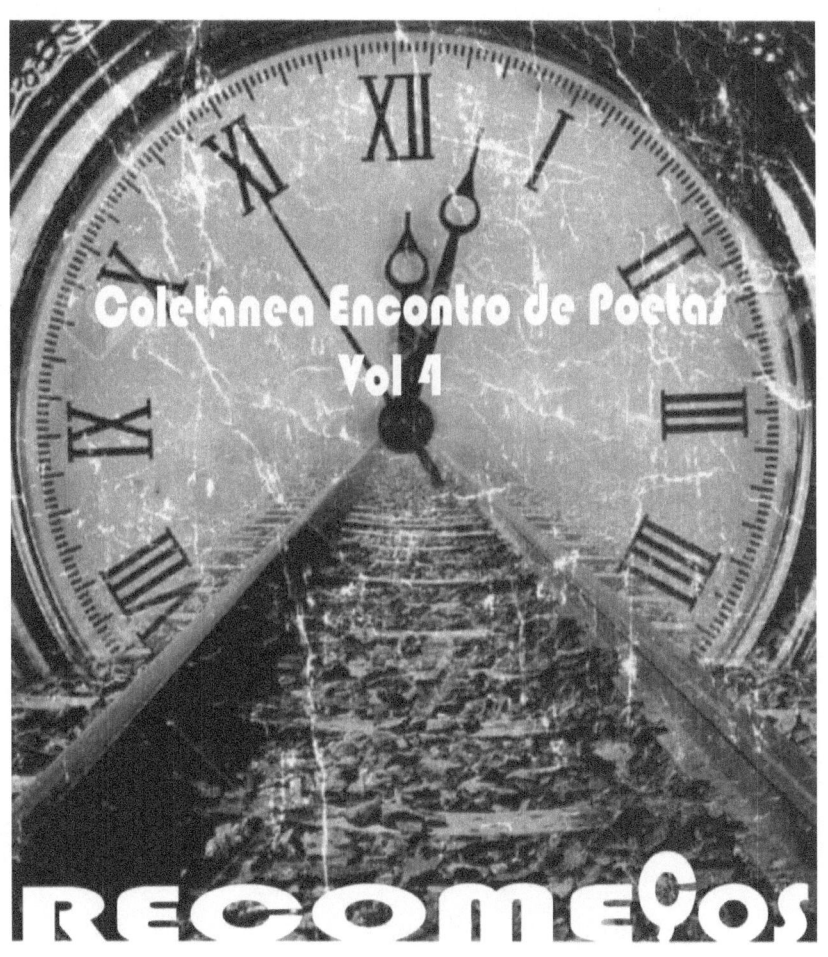

João Paulo Brasileiro & Amigos Poetas

Dedicado com todo carinho aos amantes da escrita poética.

Aos Poetas

Aos amigos e parentes

Participam deste número

Poetas

João Paulo Brasileiro
Marcelo Ricardo Lopes Da Silva
Milton Jorge da Silva
Marcus Versos

Poetisas

Talita Ferreira
Andrea Flor
Rosangela B. S. Concado (Flor do Córrego)
Solange Morais
Silvia Rosa
Sol de Souza
Lorena Francisco
Marilú Mattos (Grão de areia)

6

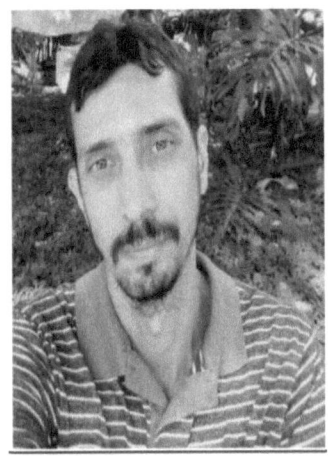

Endereço de e-mail: marceloricardolopesdasilva@gmail.com

Marcelo Ricardo. Nascido em 11/12/1980 – Carioca - Poeta.
Publicou: LEI DA IGUALDADE e RIMAGINAÇÃO
(Livro Lindo Editor) à venda no amazon.com, americanas.com, livrolindo.com, submarino, entre outros sites.
e-mail: marceloricardolopesdasilva@gmail.com

Desapologia ao ego

O nome é importante, porém não tanto.
O poder apodrece o ar...
O ter destrói o ser...
O nome é vento em novo movimento.

Nós nos diminuímos no mundo...
Criticamos o caos, mas criamos o caos...
Nada muda a humanidade...
Silenciamos o social...

Guerra gera guerra.
Dor produz dor.
Ódio dói.
O ser só se destrói...

Desprovida de poesia, a vida pesa...
Novo governo, ego novo.
Caminhos não há mais...
A escuridão dura, a crise é crua...

Note, no meio, o fingimento.
Rei é rei, e aprecia a rica ceia.
Note os "inocentes", e conte os inocentes.
Encare cena a cena.

A existência é tensa, extensa...
Mais armadilhas... Há mais armadilhas...
Apenas aparências...
É escorregadia a escada do dia.

Bruscamente se usa a mente...
Solitariamente se mente.
Certos descobrimentos cobrem o ser de dor...
Se necessário, crie cores no cenário.

Cante canto a canto os encantos.
Busque seu eu.
Procure, procure crer.
Alimente a mente habitualmente.

Mentes em desvantagem...
Deslizamos dia a dia...
Pai copia pai...
Mais e mais mentiras...

Olhe o elo melhor.
Se mentir, minta sinceramente.
Escrever... Serve escrever.
Use justamente a sua mente.

Quanto custa cada coisa conquistada?
Ver é verdade e rede.
Ver é ser livre e servil.
Dê à liberdade responsabilidade.

Uma quimera é uma quimera.
Quem quer mera quimera?
A verdade da vida: a versatilidade.
Mentalize meta a meta.

Solidificamos o mal social...
Rua é rua, e zera purezas.
Rua gera degraus de ar.
A dureza da rua dura, dura...

A face fala artificialmente.
Construímos um muro ruim.
O pior se dispersou...
O riso esfriou...

Rio! rio; pois respeito o riso.
O humor melhorou o meu rumo.
Noto oitocentas e oito cenas...
O número um é o menor número!

Estou em meus costumes.
Costumes têm seu custo.
Se preciso, rio.
Se preciso, perco o riso.

Em resumo: eu sou eu.
Recuo se o percurso erro.
Sou questionador.
O ego renego.

Devo ser observador.
Não opinamos mais..
Escute, escute seu eu.
Encare as incertezas reais.

Observe o breve... E se observe.
Ame, ame a humanidade!
O elo é pérola real!
Dê vida, vida à privacidade!

O amor melhora o ar e o lar!
Acorde as recordações do coração.
Dê mais dimensão aos dias.
Alegria (real) gera alegria.

Rio, rosa: coisas preciosas!
Escolha o sol, escolha o sol!
Há riachos, rios, cachoeiras...
Rosa, rosa: oh coisa cheirosa!

Fale da felicidade, da felicidade!
O sol da poesia: a desapologia ao ego!
Deliciosa coisa: dia de sol!
A vida, a vida: evidência divina!

Marcelo Ricardo

Amor transformador

Você me trouxe paz
Do modo mais bonito:
Me enxergando simplesmente
Com ternura, com sorriso.

Você me trouxe paz
Em dias tão vazios:
Tudo que me acontecia
Me jogava em abismos...

Você me trouxe paz
Num mundo só de sonho:
Descansava sem descanso,
Acordava tão tristonho...

Enfim, eu tenho paz!
Me libertei de tudo
Por mim mesmo inventado
Para ser o meu futuro!

Marcelo Ricardo

Avisos valiosos

Mesmo se o amor doer,
Continue coerente
No caminho que escolheu:
Só não ama quem não sente.

Nunca deve se igualar
A pessoas que são frias,
Pois o ar a respirar
Só abafa as alegrias.

No seu grande coração
Cabem muitas coisas boas
E de vez em quando entram
Os espinhos das pessoas...

Quem é frio pode ser,
Quem é frio nada sente...
É por isso que repito:
Continue coerente.

Marcelo Ricardo

Poema do pobre namorado

Minha cara namorada,
Por favor escolha coisas
Que não sejam nada caras,
Pois eu sou daqueles caras
Que no bolso não têm nada...

Minha cara namorada,
Muita coisa que é de graça
Tem também a sua graça,
Pois eu sou daqueles caras
Que amam noites estreladas...

Minha cara namorada,
Muitas coisas conquistadas
Não custaram quase nada,
Pois eu sou daqueles caras
Que procuram coisa rara!

Marcelo Ricardo

Intuição

Para abrir a porta
Do seu coração,
Eu usei a chave
Da intuição.
Aparentemente:
Obra do acaso.
Mas o seu olhar
Foi igual abraço.
O que diz a boca
É palavra só;
O que os olhos dizem
Sobressai melhor.
Quando começamos
A nos conhecer,
Algo me falou:
Já fui de você.
Sincronicidade
Entre nós havia
Desde o comecinho
Da conversaria.

A intuição
É tão importante
Que é o intervalo
Da razão constante.

Marcelo Ricardo

Privilégio

Tanto faz pra mim o vencedor do campeonato
Que foi disputado pelo meu time
Ver você já é um privilégio
Não me dou nem o direito
De ficar meio triste

Tanto faz pra mim se vai chover ou vai fazer
Aquele sol que só é bom lá na praia
Ver você já é um privilégio
Não me dou nem o direito
De fechar minha cara

Temos que aproveitar a vida
Minha amada namorada
Pois o que é bonito logo passa
E não sobra nem migalha

Como é bom ver você
Minha linda
Como é bom ter você
Ao meu lado
Como é bom ter você
Nos meus braços
Como é bom ser o seu namorado

Marcelo Ricardo

Eterno reencontro

Encontrei você do nada
E você virou meu tudo.
Juntos, andaremos rindo,
Sem receio do futuro.

E você me disse o mesmo
Com palavras mais bonitas:
Me falou que já vivemos
Como par em outras vidas.

Marcelo Ricardo

Passado passo a passo

Eu andava pela rua
Chutando baldes
Que não existiam...

Eu andava cabisbaixo
Com os meus olhos
Que nada viam...

Os meus dias eram lentos
E toda noite
Sentia frio...

O meu coração batia
Igual robô:
Num tom vazio...

Marcelo Ricardo

Era uma vez

Era uma vez
Uma linda flor
Que vivia só
Num jardim de amor...
Não sorria nunca,
Sempre amargurada...
O florido povo
Só se perguntava:
"Ora, como pode
Uma linda flor
Ser indiferente
Num jardim de amor?"
Mas um belo dia,
Surpreendentemente,
A florzinha abriu
Um sorriso quente!
As colegas flores,
Bem na mesma hora,
Foram perguntar:
"Por que só agora?"
Respondeu a flor:
"Eu perdi alguém,
E fiquei no breu,
Mas após um sonho,
Eu mudei meu eu!"
A partir daí,
Alegria veio,
Fosse dia lindo
Fosse dia feio!
Marcelo Ricardo

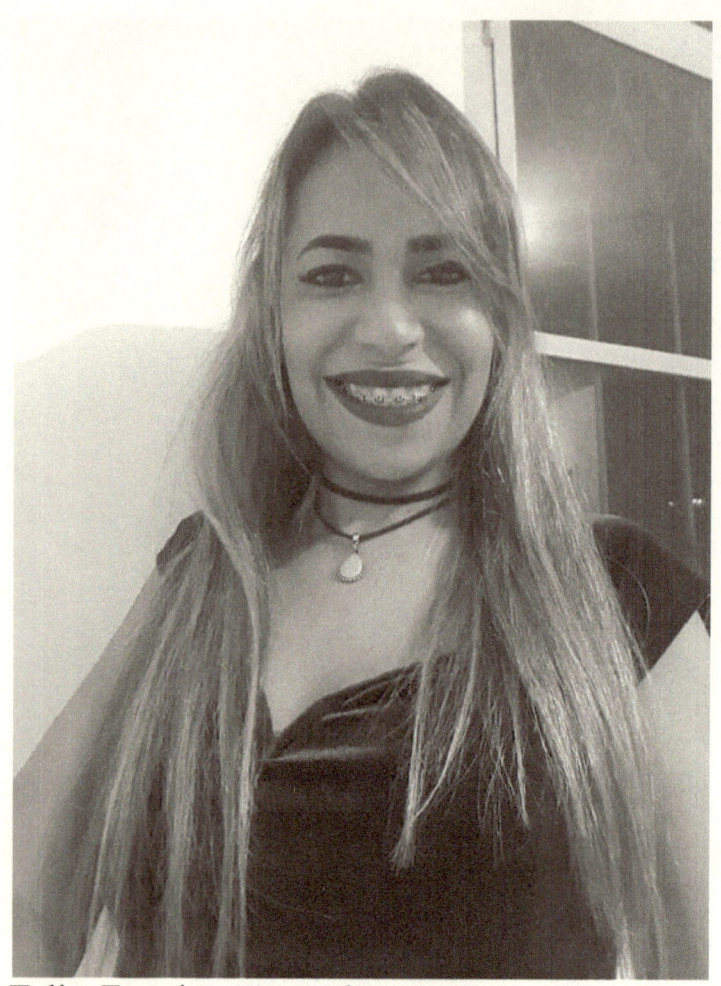
Talita Ferreira - A menina poeta

Autora dos livros – RUMOS

Participação nas coletâneas Encontro de Poetas

LUZ (Vol.1) - O Som do Coração (Vol.2) - VIDA (Vol.3) – RECOMEÇOS (Vol.4)

De JPC Editores

De um talento fabuloso, consegue fazer o leitor viajar e imaginar-se dentro de seus textos poéticos, sempre com temas inusitados e vibrantes.

Páginas

Aquela camponesa
escrevia contos e lendas
com tanta dedicação...
Tinha seu livro
de sua história em versões...

Contava em rodinha
todas as aventuras
de contos e fantasias...
A todos daquela aldeia
pequena, onde pertencia...

Entre as histórias
teria a versão...
Da pobre menina
que se apaixona por
um nobre então...

Enganada e desiludida
a história retrata
que a menina encontra
uma fada...

Pede a ela
O livro de sua história
onde tudo está escrito
até aquele dia dito...

E assim
A fada lhe concede
As páginas da vida
As entrega em seguida

A moça, porém,
acha a página
que conta sobre
sua paixão...

E em ato de fúria
queima toda
a dobradura...

Só um detalhe
ela se esqueceu...
Quando se abre
um buraco na página
queimada...
Vai aparecer
uma nova jornada
ao amanhecer...

E se não atravessar,
essa passagem queimada...
se tornará em raiz
de um passado plantado...

Então mudanças
de vida, depende de nós...
Ultrapassar toda página
ferida...
Para uma nova chance
de felicidade a ser reescrita...

Talita Ferreira

<u>Bem te vi</u>

Ah...
Banco de praça
De tempo em graça
Da escola... À hora
Da saída... Lá fora

Olha... O bem te vi
Tão só
Naquele banco ali
que um dia te vi

Linda menina
De óculos e pintinhas
Sentou-se ao meu lado
No banco abandonado

Logo vi...
Aquele bem te vi
Voando e cantarolando
No beijo da menina se aproximando

Aquele tempo bom
De amores no coração
Por uma singela paixão
Naquele banco, cheio de recordação

Bem te vi...
Me avisa
Do seu canto
Realiza... Aquela história
que reprisa na memória... Me conquista.

Talita Ferreira

Paz
Essa paz que invade
a alma de amizade...

No privilégio da vida
com muita alegria...

No conjunto do ciclo
a existência do infinito...

Dos corações reunidos
numa mesma canção... Poetiso!

Talita Ferreira

Degraus

Onde está os degraus
Para vida elevar?

Ontem, pontes construídas
hoje, escadas rolantes da vida

Modernidades a ajudar?
Ou comodidade a parar?
Escadas da vida... Fácil?
Nunca será

Pois toda escada
degrau por degrau
ao esforço subirá

Mesmo se em escada rolante
a vida te mostrar... Lembre-se
Que sem energia... Jamais funcionará...

Aprender a escalar
sem facilidade esperar
fará sempre
ao topo... A vitória conquistar

Talita Ferreira

<u>Migalhas</u>

Olhei entre as árvores da praça

Vi pombos a ciscar

Comendo as migalhas

Que o povo se põe a jogar...

Analisando friamente

Que graça a praça teria

Sem os pombos ali passeando?

Tão chato seria...

Assim diria o poeta...

Andar com águias

Faz de ti um caçador

Mas se com pombos andar

A migalha também irá compor

Talita Ferreira

Imagem

Essa é a verdade...
Meu espelho de imagem
Seu poder me mostra
com muita clareza
todo o tempo
que passou com certeza

Reflete em você
todo passado de meu ser
em mudança repentina
de tudo aquilo
que foi um dia

Não sei se devo continuar
ou parar de refletir
essa imagem
de um tempo que não vai voltar

Espelho...
Maquina do tempo
que não quer nos agradar,
em nenhum momento
mostra a realidade
do tempo e a passagem...

Mas também
é honroso
saber que até aqui,
ainda se há beleza
em reflexo no espelho
da vida de amor vivido
em todo o tempo
passado, viverá no futuro e vive-se no presente,
sem se importar com tempo
regente...

Talita ferreira

Poeta

Grande linha
Numa folha vazia
Onde está a rima?
Se não nos pensamentos
que ainda se inicia?

Prepara em missão
De olhar distante
em mente brilhante...

Ver a dor
No tocante...
A expressar em palavras
chorantes...

Dicionário próprio
Inventa palavras
Até repertório
Quem é essa figura ?
Que escreve em pautas?

Transmite alegria...
Amor...
Magia...
Tristeza ...
E contos na verdade...

Sobre essa grande linha...
Da folha vazia

Poetas... Assim são chamados...
Um ser alado

Mas de asas na alma
por que sabe
traduzir... Toda emoção
que mora...
no coração...
Poeta... Sua homenagem
Em singelas palavras eu deixo aqui
Sem muitas falácias
pois, o que posso dizer?
Ser poeta...
É saber viver

Talita ferreira

Florescer

Sabe...
Urso?
Aqui nessa praia...
Esperando o sol dormir
Fico a refletir...
Onde ele vai?
Poxa...
Todo dia?
O sol se despede
Vai descendo
Até ao horizonte
E depois some...
Nossa...
A casa dele deve ser linda...
Cor de ouro
De brilho amarelo
Quentinho
Cheio de esperança
Lá guardada no cantinho...
Esperança... Urso
Pois mãe sempre me diz:
" filha minha...
Chora essa noite...
Mas...
Amanhã será...
Um novo dia...
Cheio de novas esperanças..."filha"

Viu urso?
A casa do sol
deve ser
de muitas alegrias,
 e de boas notícias
Pois tudo muda
com mais um novo dia
No amanhã...
Ao recomeçar...
Na luz do sol raiar...

Talita ferreira

Don da vida

Dizem que na palma
das mãos
existe um relógio
tatuado pela vida então...

Validade de cada ser
traços de horários
nas mãos
a dizer...

Tempo a ser gasto
com muito prazer
somente para quem
sabe viver...

Dias maus...
Em tempos nas mãos
também fazem parte...
Porém dias bons é que contam na verdade...

Mão em traço marcado
capaz de trazer a vida...
Ou tirar a vida... Por isso,
escolha seu tempo com sabedoria

Relógio gira
em cada segundo
que nunca voltará
vamos à vida, valorizar...

Talita ferreira

O SABER

O que é saber?
Seria muito conhecimento ter?
Falar palavras difíceis?
Ler... Ler... Ler?
Construir muitas palavras do saber?

Ah...
Isto é o saber, então?
Estudar em dedicação
Saber...
Que têm mais condições?

Assim é aquele rapaz
A quem ela não admira mais
Rapaz bonito de boa cultura
Sabe que sabe... Por sua classe

Um dia...
Saíram juntos
De mãos dadas
com carinho e beijos...
A namorar... Pela estrada

No caminho,
encontrou um andarilho
com sua mochila pesada
que fazia sua jornada...

O rapaz do saber... O esnobou
Na frente dela, o humilhou...
Decepção total
ela caiu na real...

Caminhavam todos na mesma direção
Era para um evento...

O mais sábio em primeiro lugar
seria premiado...

Cheio de certeza...
De sua dedicação
O rapaz se mostrava a moça
Que era o mais capaz dali então...

Aquele andarilho, porém...
No seu silêncio e observação
Mostrou que não só, do saber
É tudo na vida não...

Carisma e humildade
São fatores da escola da vida
Da verdade vivida...

Escola essa... Que não tem nota
É aprender no ouvir
As tempestades do porvir

Dessa matéria
A moça notou
Que o rapaz do saber estudado
de nada sabia de fato...

Assim é quem se acha melhor
Por um grau de estudo elevado
Um diploma na parede pendurado...
Mas se esquece que na verdade...
Nada saberemos.
Pois da vida sempre aprenderemos
Com a experiência de cada realidade...

Talita ferreira

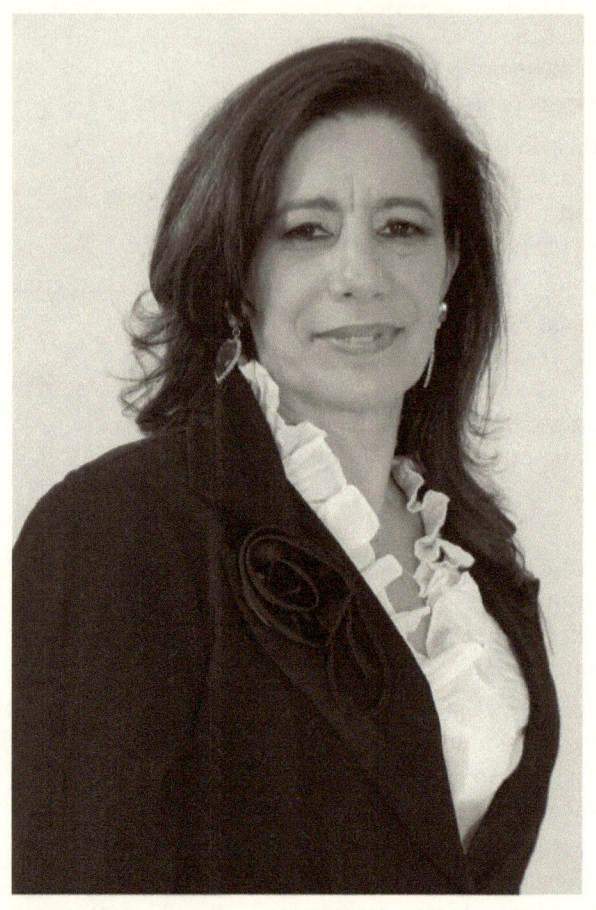

Rosangela Bruno Schmidt Concado - Nasci em 1.954 e desde muito cedo comecei a escrever, casei, tenho três filhos e dois netos, trabalhei desde os 14 anos e minha formação era analista de documentação; no outono da vida concluí o curso de Direito e hoje sou uma profissional da área jurídica.

Sou apenas uma pessoa que ama a vida, os seres humanos, luto por igualdade, direito humanos para todos, dignidade, liberdade, justiça e que não existam muros e nem fronteiras!

Amo ler, escrever, enfim amo as palavras.

Palavras são somente palavras, perdem-se no vento... no tempo, mas se por alguma razão, sem pretensão, por um segundo tiver ressonância em uma única alma...já estará valendo a pena!

Como preconizava nosso amado "Fernando Pessoa" tudo vale a pena se a alma não for pequena."

Meu nome é Rosangela Bruno Schmidt Concado, moro em Florianópolis, mas desde cedo me intitulei de Flor do Córrego, simples, singela, anônima e que não causa furor!

Esta sou eu, uma anônima que aprendeu a ouvir a voz do coração e transmitir o que sua alma dita... Não sou escritora...
Nem poetisa...
Sou eterna aprendiz nas letras e nos sentimentos, na vida.

Flor do Córrego

Me atirei

Me atirei...
Era meu sonho
E não admito o medo
Invadir meu viver

                                              Me atirei
                           Com dedicação e afinco
                                 E me entreguei
                          Sem reserva de domínio

Me atirei e nem pensei
Que o término não seria o fim
Sabia que teria que lutar
Bravamente, todos os dias

                                       E sigo lutando
                                 Como adolescente
                                    Não vejo o tempo
                           Este ceifador de sonhos

Dedicação total e irrestrita
Quanta leitura, interpretação
Quanta busca para fazer
O melhor, o justo

                                       Não vou parar
                           Mesmo indignada, seguirei
                              Não serei metade
                            Estou me construindo!

Flor do Córrego

És

És o perfume que inebria
A saudade da própria saudade
O sonho não realizado
És mãos que não se tocaram
Corpos que não se uniram
És só ilusão
Uma fotografia escondida
Embaixo do colchão
Em vão te busco
Nos sonhos desvairados
Nas noites solitárias
Nos dias quentes de verão
Na lua prateado o mar
Nas montanhas exuberantes
Mas, eu sei não existes
És fruto da minha mente

Flor do Córrego

Um dia de cada vez.

Vivo um dia de cada vez...
Como se fosse uma etílica
Cada dia é dádiva divina
E sempre busco fazer o melhor

Quem planta amor
Não teme o amanhã
Mesmo vivendo no caos
Sabe que o sol brilhará

Um sorriso aqui
Uma palavra ali
Um abraço que te reinicia
E tudo se transformarão

Quem acredita que mulher
É o sexo frágil
Desconhece a vida
Mulher não vem a passeio

É tal qual Fênix
Mesmo em um processo
Extremamente doloroso
Renasce das próprias cinzas

E não se assustem
Se a verem frágil e doce
Sobre um salto 15
A vencer a pior batalha

Mulher é um ser intrigante
Não foge da boa luta
Talvez fuja do shopping
Nunca da injustiça

Acredita , reza , é feita de fé
É menina, mãe, tia, avó
Mas acima de tudo é mulher
Não subestime seu poder

A mulher é feita de amor
E o amor é a força maior
Ninguém a fará desistir
Se o bem tutelado

For o Ser Humano, o verdadeiramente humano!

Flor do Córrego

Trilha Sonora

Ouço a sinfonia...
Sempre existe
Trilha sonora em minha vida
Como ser tão sensível
Como não descrever
A partitura bela que a alma dita
Não é musicista, tampouco poeta
Ao contrário
Sou uma pedra simples
Sequer fui lapidada
A música me toca
E me eleva
Os sons me acompanham
E a orquestra
Faz festa na minha mente
Já não sou pedra simples
Agora sou pérola negra
Da ostra que se mutilou
Para produzir tanta beleza
Viver esta magia me transporta

Me encanta

Embora nem tudo seja alegria

Existe uma voz que grita

A urgência toca a aldrava da porta

Seu batido é ensurdecedor

No meio inebriante da música

Que me convida a dançar

Somos feitos de metades

Eu separo cada uma

Como se sábia fosse

Embora seja um nada

E este inexplicável dom

Da audição perfeita

Que não perece, não fenece

Não é finitude

É plenitude.

Flor do Córrego

<u>Seguirei</u>

Embora tudo me
Faça parar
Pois seguir é minha saga
Minha desdita
A única saída
Meu desejo contido
Meu sonho mais lindo
Seguirei
Mesmo que o mundo pare
E me amarrem, me prendam
No calabouço escuro
E joguem a chave fora
Seguirei
Pois me trancar é impossível
Sou feita de liberdade
De grandes vôos libertários
Seguirei
Sou livre como o vento
Ninguém prende uma alma
Chave alguma será necessária
Seguirei

Por entre vales e rios

Leve como um beija-flor

Serei angariadora de sementes

Seguirei

Pois viver é seguir em frente

Por mais difícil que seja a caminhada

Seguir é meu destino, o canto mais bonito

Meu grito, meu sangrar, meu êxtase, meu amar!

Flor do Córrego

Pensamento

Pensei em Ter

Mas só consegui Ser

Porque o Ter

Se perde no poder

E o Ser só se acha

No bem querer!

Flor do Córrego

Somos Instantes

Tudo muda
A todo instante
Somos seres
Em evolução
As dores
Deixam cicatrizes
Ninguém as vê
Não precisamos
Deixar a mostra
O que deve ficar
São as ações
O Ser que
Só se concretiza
No bem querer
E dia após dia
Vamos distribuindo
O nosso melhor
Se ninguém viu
Foi porque não
Sentiu com o coração
E realmente

Não importa

Não precisamos

De troféus

Nem de glórias

Precisamos amar

O amor é o que

Transforma

A humanidade

Sem amor

O que somos?

Nada

E nada

Não acrescenta!

Flor do Córrego

Finitude

Estás presente
No meu coração
Na minha alma
Na minha emoção
E viro adolescente
Cheia de sonhos
Não és presente
Não preenches
O vazio que
Minha alma sente
És só um sonho
E inevitavelmente
Despertarei
Se queres a mulher
Terás que tocar
A alma e o coração
Só assim serei
Plenitude
Do contrário
Serei tão somente
Finitude!

Flor do Córrego

<u>Jurei</u>

Jurei que esqueceria
Que não morarias
Nos sonhos meus
Que nada serias

> Jurei não lembrar
> Da tua voz, teu sorriso
> Das tuas mãos nas minhas
> Do teu toque macio

Da tua pele na minha
Jurei que não lembraria;
Nem do teu cheiro
Nem os sussurros

> Jurei que esqueceria
> Até teu nome
> E fui forte
> Insistente

Mas na alma não se manda
E foi lá que te coloquei
E ficaste
Infinitamente...   Flor do Córrego

Caminhante

   Caminhante sou
Nesta estrada confusa
Às vezes penso que vou
Em outras, sei que volto

   Não me importo se o caminho
É deslumbrante ou deprimente
Sigo o meu destino
Feliz e saltitante

   Sigo, pois, parar não posso
É seguindo que alcançarei
Todos os meus objetivos
Às vezes aciono as asinhas

   Nem sei quem sou
Só sei o que não serei
Sou esta caminhante
Tentando cortar as arestas
Desta vida errante!

Flor do Córrego

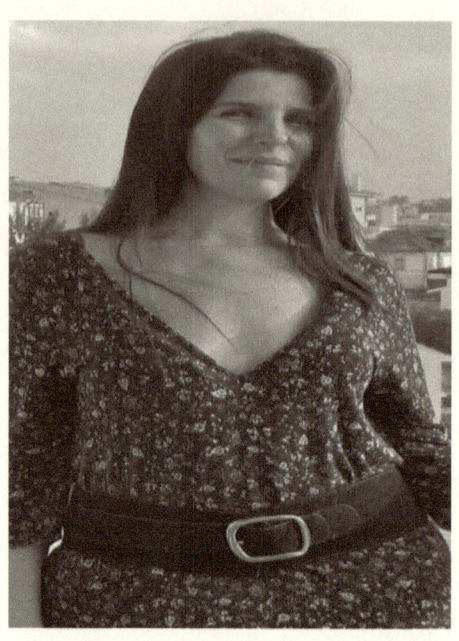

Sílvia Rosa

Nasci em Angola e a minha infância foi vivida em plena guerra colonial...

As minhas memórias dessa época são de medo e terror... Convivi com as ameaças, bombardeamentos e mortes...
A minha preocupação era proteger as minhas irmãs... Uma delas recém nascida!
Os meus pais tiveram de fugir e retornar a Portugal... Só tive tempo de salvar duas bonecas... Uma minha e outra da minha irmã! Trouxemos a roupa do corpo! Já em Portugal, os traumas continuaram... Tive de crescer muito rápido e tornar-me numa fortaleza intransponível...
Tivemos de viver todos separados até que os meus pais conseguissem

retomar do zero e esse recomeçar tornou-se uma constante... Sou sensível de natureza, lagrima fácil e espírito humanitário! O meu refúgio era a minha imaginação que me permitia viver em constante ilusão... Acho que ainda é! Nunca tive tempo para colocar em prática a minha escrita... Há relativamente pouco tempo atrás, depois de ter sofrido muitas perdas seguidas e dolorosas que abalaram toda a minha estrutura, decidi dar voz á minha alma que gritava incessantemente através destes meus escritos poéticos

A vida é como um piano
As teclas brancas representam a felicidade e o amor
As teclas pretas a tristeza e a dor
Nas alegrias compomos belíssimas sinfonias
Nas tristezas nada conseguimos compor
Ficamos inertes e pensativos, simplesmente a olhar...
Duvidamos e equacionamos se vale à pena tentar
O som do piano não engana... Chora poesia e soletra os nossos sentimentos...
Porque a vida é como um piano e as teclas são os momentos
O tempo passa e percebemos então que nem tudo vem em vão...
Afinal as teclas pretas também tocam... Fazem parte do piano e sem elas não existiam as mais belas sinfonias musicais... Aquelas que só podem ser tocadas se houver muito amor e paixão...

Sílvia Rosa

Por vezes é preciso voltar às costas
Contemplar novos horizontes
Por que querer construir pontes?
Para quê tanta ânsia para atravessar?
O destino é incerto e provavelmente nem consigo lá chegar...
Ir por caminhos tortuosos e escalar montes?!
Sofrer tanto na escalada, sabendo que o mais certo é não restar mais nada...
Voltar às costas por cansaço depois de tanto lutar, não é fracassar...
Que me resta do que fui? Que me resta deste reflexo que agora sou?
Ir mesmo, sem saber o que sinto, onde estou agora e para onde vou?
Deixar fluir, ficar na zona de conforto com medo de voltar a sofrer?
Um medo absurdo que não deixa brotar, nem florescer!
Se não houvesse grandes, dolorosas e silenciosas metamorfoses na vida, não haveria lindas borboletas por aí a voar!
Tudo seria enfadonho e triste, sem amor e sem amar...

Sílvia Rosa

Gosto de olhar para o céu...

Azul, violeta ou estrelado. Tantas cores e formas, como é lindo o céu!

Nem sempre é preciso ser noite para contemplar as estrelas e o luar!

Amo o pôr do sol ao entardecer, o momento mais aguardado para os que estão enamorados e a amar!

O céu é como uma tela

Olhamos depois da tempestade e o Universo oferece-nos a beleza do arco íris de forma tão colorida e bela...

Ainda não perdi o meu lado de criança e delicio-me a olhar as nuvens...

Nenhuma é igual à outra! Por vezes parecem dançar a par empurradas ao ritmo do vento...

Olho para o céu e tento sempre encontrar no luar, nas estrelas ou nas nuvens uma mensagem que me dê algum alento...

Quando estou nas nuvens, procuro por algum desenho ou formas que me façam sorrir e acreditar no que estou a idealizar!

Lá sou apenas eu e a minha mente ao sabor da magia e da minha imaginação...

A segurar lágrimas ou a esboçar sorrisos, são momentos únicos, plenos de pura emoção!

Momentos só meus, onde posso encontrar paz, quietude e praticar a gratidão!

Ao amanhecer, solto um sorriso e não me entristeço.

Olho para o céu e agradeço. Hoje é um dia lindo. É dia de recomeço!

Sílvia Rosa

Lágrimas

Quando sinto que está iminente
Não consigo impedi-las de rolar!
Desisti... Já nada faço para evitá-las
Dizem que é para limpar a nossa mente...
Isso prefiro ser eu mesma a fazer
Lágrimas salgadas saem da alma, mas não diminuiu a dor,
nem encontrei a calma;
Já chorei muitas lágrimas sem conseguir conter...
Saudade e agruras
Sensibilidade e emoção
Tristeza e amarguras
Alegria e euforia
Vazio e solidão...
Sou diariamente preenchida com desilusões, revolta e saudades...
Tento resignar-me perante com essas realidades!
Por vezes não suporto mais e vou derramá-las na imensidão do
oceano, tento confundi-las com a água salgada do mar...
No meu peito carrego a esperança que as ondas as levem para não
mais voltar!
Ninguém é triste por opção, mas por carregar demasiadas dores no
coração.
A calmaria demora imenso, mas só chega quando for o momento...
O meu momento ainda está por chegar, não agüentei mais o sufoco de
tanto esperar...
Transbordei... e em vez de lágrimas, derramei poemas!

Sílvia Rosa

Retalhos

Tenho a alma retalhada
Sofrida e magoada
Nem o amor a pode costurar
Se foi pelo amor que ficou a sangrar

Já sufoquei de tanto lamento
Andei por aí ao sabor do vento
Quero ser feliz e aprender a viver
Como a Fênix e das cinzas irei renascer

Sinto-me como uma rosa a desabrochar
Sem medo dos espinhos que me vão embelezar
Vou viver esta dádiva, sem medo de amar…
A vida é linda demais para desperdiçar

Sou como uma borboleta e sei que consigo voar
A metamorfose é dolorosa, custa ultrapassar
No casulo fui a minha companhia, nunca temi a solidão
Já chorei demais e ainda trago comigo estilhaços no coração

Sílvia Rosa

Sonhei contigo

Enquanto dormia a minha alma saiu do corpo e andei por aí a levitar!Estivemos juntos, tudo foi maravilhoso e parecia tão real... Não imaginava sequer que te fosse encontrar!
Senti de novo aquela sensação das borboletas a voar na barriga e o quão lindo é amar!
Acordei...
Fiquei abalada! Percebi que estava apenas a sonhar!
Inevitavelmente não agüentei e chorei...
Viver de recordações é penoso...
Um sentimento nocivo, amargo e doloroso!
Continuo a acreditar nos sentimentos verdadeiros, aqueles que permanecem para sempre,
Quando preciso de ti, fecho os olhos, sonho e entrego à imaginação...
Retribuis com pequenos sinais, acho que não consegues fazer muito mais!
Há momentos que sinto o teu toque a percorrer todo o meu corpo, fico gélida com arrepios e calafrios
Há momentos que sinto a tua presença e o calor do teu beijo carregado de desejo!
Completamente Inerte, envolvo-me no teu abraço sedento de paixão.
Fico rendida e deixo-me levar!
A nossa história continua presente na minha memória e no meu coração.
Impossível seria não lembrar!
Por mais que eu refute, continuas a povoar os meus sonhos, aqueles que preferiam, nem queria sonhar.

Sílvia Rosa

Sou Anjo, sou menina, sou mulher
Posso ser o que quiser
Não posso mudar tudo
Mas sou cheia de conteúdo!
Gosto de contemplar e fazer embaraçar...
Gosto de olhares cruzados, beijos carinhosos e abraços apertados...
Sou o tudo ou o nada!
A minha entrega é sagrada...
Amo de forma imensurável e quando me dou nunca é pela metade!
Sou inteira, sou íntegra e sou verdadeira!
Quando me entrego é intenso e quando amo é de verdade...
Tenho em mim todas às mulheres!
A inocente! É ingênua, frágil e continua a acreditar em contos de fadas e no amor para sempre...
A destemida, ainda gosta de brincar e é muito divertida...
A inteligente, requintada e glamorosa, que também sabe ser ousada...
A Mulher coragem que enfrenta o que vier! Ninguém como ela suporta tanto peso na bagagem!
A que mostra ter muita força, mas é demasiado sensível e de choro fácil, a sua maior fraqueza é sentir tudo de maneira muito profunda...
A que tem um coração doce num mundo duro e cruel...

Sílvia Rosa

As palavras que não te disse e nunca direi
As palavras que em mim guardei
Aquelas que me estão a sufocar
Aquelas que tive de calar

Gostava que as ouvisses
Gostava que as sentisses
Queria ao teu ouvido sussurrar
Queria fazer-te arrepiar

Vou libertá-las e escrever
Tudo o que te queria dizer
Não as quero cristalizar
Nem continuar a guardar

Vou atirá-las ao mar
Aliviar este peso para não me afundar
Vou mandá-las no mar revolto, pela forte ondulação!
Vou mandá-las lacradas, para longe do meu coração

Um dia poderão chegar
Não sei quando, nem o lugar
O mais certo é morrerem na praia
Ficarem enterradas num passado, sem que alguma de lá saia...

Não sei se estarão perceptíveis para ler
Ficaram manchadas de tinta ao escrever
Regadas com as minhas lágrimas de dor
Numa dura despedida ao amor

Sílvia Rosa

O brilho das estrelas e do luar incidiu em mim
Rendi-me ao Universo e à sua beleza sem fim...

Um Anjo convidou-me para dançar
Não hesitei e aceitei...
Dançamos a noite inteira, ao brilho do luar

Pegou-me ao colo, aconchegou-me com as suas asas e conduziu-me até a pista de dança
Fiquei deslumbrada, rodopiei, dancei e senti-me criança

Nunca me perdeu de vista e ouvia-o gargalhar
Segredou-me ao ouvido ter sido enviado para me amparar

Pediu-me para não ter medo e prometeu ser meu guardião
Confiei naquelas palavras que tranqüilizaram o meu coração...

Sílvia Rosa

Criança Interior

Dá-me um alento sem fim
Saber que moras em mim
Vivemos no mundo dos sonhos, das ilusões e da magia...
Momentos de "Faz de conta" a cada novo dia!

Para nós tudo começa com... "Era uma vez"

Temos uma estúpida mania de acreditar em finais felizes e quando tudo desaba; Perguntamos...

'Por que eu? Outra vez?!"

Fica...
Nunca te quero perder
Fazes parte do meu ser

Alegra-me...
Com esse teu sorriso meigo, doce e encantador
Contigo esqueço toda a dor

Ilumina-me...
Com esses teus olhos meigos, doces e brilhantes
Não percas essa luz de antes

Incentiva-me...
A continuar rebelde e atrevida
A continuar corajosa e não pensar tanto na vida

Lembra-me...
A não me esquecer de brincar
Gargalhar, embaraçar, correr e saltar

Fui criança numa guerra colonial sem sentido... Fiquei com seqüelas e traumas! Senti medo de verdade...

Agora mulher numa sociedade em "guerra" constante, onde as armas são a hipocrisia, a ganância, e o sentido de oportunidade!

Nunca me abandonaste,
Comigo tudo enfrentaste...

Nunca deixaste de ser Coragem
Num mundo que se tornou selvagem

Continuas criança interior no meu corpo de mulher,
juntas somos felicidade e perfeição
Cumplicidade e amor
Unidas num só coração

Sílvia Rosa

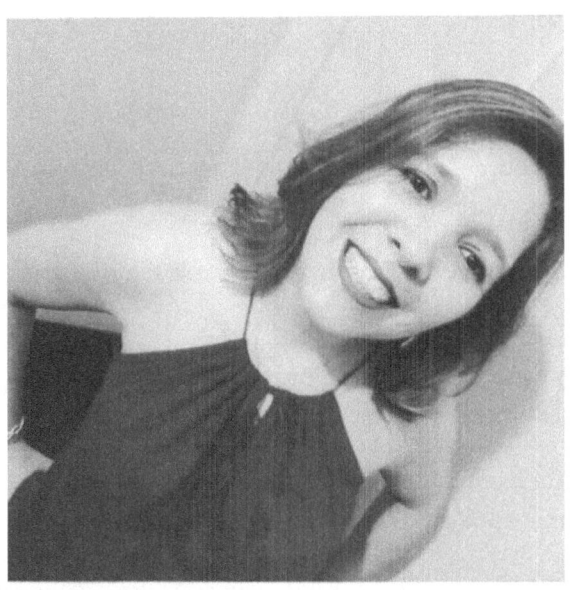

Sou Andréa, uma mulher sonhadora igual todas as outras...
Na escrita encontrei o meu lugar, aqui posso ir onde quiser, fazer o que a imaginação permite, é o meu cantinho mágico.
Já participei de algumas antologias:
Une Versos (site clube dos autores)
Palavra Andante (site clube dos autores)
O Dom de amar (editora INDE)
Poe - mar (Editora INDE)
Trilogia: Tons da Luxúria (site Clube dos autores)
Hora do Recreio (livro infantil, site clube dos autores)
Coletânea Encontro de Poetas Vol. 4 – VIDA – JPC Editores
e-mail: andreasjcfatima@gmail.com

Dançando com as lembranças

A nossa canção tocando no rádio, diante das lembranças o meu coração dança solitário.

Entre lágrimas e sorrisos um filme passa também lembro que passou o nosso tempo.

Foram tantos os contratempos que tudo foi se perdendo, inclusive os nossos sentimentos, aquele que fizemos um juramento.

Sim, foi maravilhoso enquanto durou, talvez seja esse o motivo de tanto sentimentalismo revendo os nossos momentos.

O que vivemos está gravado, marcado em cada um de nós. Talvez em mim esteja tatuado a ferro... e o coração continuará dançando solitário em nossas lembranças pois todo amor tem esperança.

Andréa Flor

Feche os olhos

Feche os olhos e abraça-me, sinta o meu coração bater junto com o seu, sinta o meu corpo abraça o seu.

De olhos fechados sinta o meu cheiro enquanto eu sinto a sua respiração.

Não precisamos de palavras, apenas sentimos a batidas do coração, essa é a nossa canção.

Feche os olhos, deixa eu te ler com as mãos, posso sentir brotar um sorriso pela respiração.

De olhos fechado me de a mão, vamos caminhar juntos e descobrir a nossa direção.

Feche os olhos e segue a paixão.

Andréa flor

Eu quero viajar

Viajar é tudo que eu quero. Viajar nos teus lábios me beijando.

Viajar nas mãos deslizando, eu quero viajar nos pedidos ao pé do ouvido, viajar nos sussurros, viajar e arrepiar nos gemidos.

Viajar no teu corpo, eu quero viajar na intensidade do teu olhar, viajar naquele pedido sem palavras.

Viajar nos teus abraços, eu quero bater asas e voar o mais alto possível... viajar no teu mundo nem que seja por segundos eu quero.

Andréa Flor

Pensamentos... Momentos

Nem todos os dias são como nos sonhos. Alguns são piores outros melhores.

Apesar desse dias "piores" serem mais pesados, não podemos perder a alegria, precisamos perseverar ainda mais e buscar aquela força que só descobrimos que temos nos momentos necessários.

Por isso que nos momentos bons, precisamos extrapolar nos sorrisos, exagerar nos abraços quando estamos com os amigos e como se fossem recarregar as pilhas.

Eu sei que são apenas momentos, que não vão durar para sempre.

Às vezes o coração aperta, as lágrimas transbordam, mas o sorriso está lá.

Nem todos entendem os motivos, não tem tempo para sentar, conversar... as vezes tudo que precisamos é de um colo amigo.

Mas logo após a tempestade, há de brotarem novos sorrisos.

Andréa Flor

Você, o melhor de mim

Pegue-me no colo, beije-me intensamente, olhe nos meus olhos... faça amor comigo.

Bagunce os meus pensamentos, arrepie o meu corpo com os seus beijos, decifra-me por completo.

Um momento íntimo, os instintos brilham, a pele cintila, a minha boca balbucia de olhos fechados um pedido, fica comigo, assim, pele com pele o nosso amor sempre se repete.

Sem você não há essência, não há vida, tudo fica cinza... Vem, deixe o meu dia colorido como se fosse um arco íris.

Você é o melhor de mim, não me deixe sem vida.

Andréa Flor

Revoada das emoções

No seu jeito inocente você sorri, passa a mão entre os cabelos e meio que sem jeito olha para mim.

Um convite?

Não sei!

O que eu sei é eu quero andar de mãos dadas, ao seu lado ficar animada e em seu peito ficar aninhada.

Vamos desenhar corações na areia, correr contra as ondas do mar. Observar o por do sol de rostos colados... para sempre ficar assim juntinhos e abraçados.

A noite cai, uma taça de vinho, céu estrelado... As suas mãos passeiam, a pele arrepia, a boca conhece o caminho.

Na varanda apenas lembranças de um dia mágico onde entreguei o meu amor feito uma criança.

O vento no rosto levam e trazem pensamentos é um mergulho no tempo.

Andréa Flor

Abraça-me

Abra os braços, corra em minha direção, me segure, aperta... esse é o encontro de nossas emoções.

Feche os olhos, me beije, aquele beijo, molhado, de sentir a língua, morder os lábios, um beijo sugado, demorado...

Sinta, o meu coração bate forte!

Deixa-me te sentir, em você passear... O teu corpo possuir.

Em cada parte fazer um carinho, distribuir beijinhos, em você mergulhar, nadar todas as modalidades... Até que adormecermos na felicidade.

Abraça-me forte!

Andréa Flor

Com você voar

Voar, voar... Voar em seus abraços, aconchegar em seu peito, sentir o coração palpitar forte, os lábios quentes em minha orelha... Voar nos sentimentos, me entregar ao momento.

Deixar voar os pensamentos, com você deixar tudo acontecer, bater as asas e voar de prazer.

Voar, voar... Delirar na paixão, deixar falar a emoção.

As mãos deciframe provocam reações... Voz rouca, corpo exausto, coração bate descompassado.

Voar, voar... Voar para sempre ao seu lado.

Andréa Flor

O abraço das palavras

As palavras me abraçam forte

É com tanta intensidade

Que de mim escorrem reciprocidade

As palavras são o próprio desejo

A vontade de sentir o beijo

Eu confesso, nas palavras

 Entrego-me

Sou anjo, sou fera

Ah, quem me dera

Ser a mocinha, a bela

As palavras, nem sempre vem polidas

Ficam longe de serem bonitas

Mas é o sentimento que as palavras transmitem.

As palavras são fontes de viajar para longe.

Andréa Flor

Intenso

Intenso é tudo aquilo que vem cheio de verdades, reciprocidade... Vem cheio de sinceridade, é tudo aquilo que nos preenche.

A paixão é intensa, ela chega sem avisar, provoca reações, às vezes algumas ilusões, mas no fundo são ótimas as sensações.

O amor é recíproco, ele simplesmente ama porque está entregue, acolhe com carinho e faz do colo o seu ninho.

Amizade, essa precisa está acompanhada da verdade, sinceridade e ser recíproca, porque, ser amigo é ser intenso, é rir de tudo e chorar por nada, é ser ouvinte, é falar que nem uma matraca e ninguém entender nada. Amizade é eterna e intensa, quem tem uma amizade assim nada na vida recompensa.

Andréa Flor

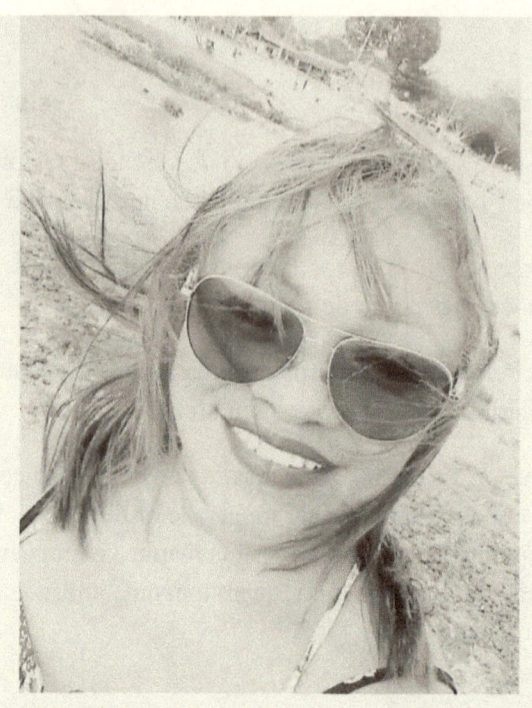

Meu nome é Rosana Dorotéa Morais da Luz - Nasci em 06/06/1970 natural de Belém do Pará, atualmente morando em Ananindeua, município com mais ou menos quarenta e cinco minutos de Belém. Tenho um gosto meio eclético e em relação à poesia, reverencio o amor quase sempre, comecei a escrever muito nova, apesar de um pouco agitada, mania de querer fazer muitas coisas ao mesmo tempo, acho que devido ao signo de Gêmeos

A poesia me encanta e me acalma... Gosto da poesia estilo livre, escrever textos, não me prendo muito às regras na maneira de escrever, quando escrevo o meu intuito é fazer o leitor se identificar com aquela poesia ou texto, fazê-lo se encantar e viajar na fantasia, no meu jeito meio romântico de escrever Poesia!

A mulata e os olhos de jabuticaba

Ela vinha arrancando olhares
Distribuindo sorrisos
Também, era linda estava na flor da idade
E seu coração era todo abrigo
Mulata de pele embrasada
Cor de canela
Justino ao vê-la passar logo suspirava
Pensava o moleque...
"Como é bela, como é bela"
Realmente era bela a linda donzela
Justino com seus olhos de jabuticaba
Não queria mais nada, só ficar na janela
Mas ela era mulata abusada
Percebia aquele olhar de jabuticaba
Enlouquecia Justino, fingindo dar-lhe trela
E ele apaixonado dizia:
"Quando crescer vou fazer poesia para declamar somente para ela!
Vou ser o poeta dessa mulata
Vou ser a poesia mais linda e apaixonada que ela irá ler na vida dela

Rosana Morais

Magia

Que não percamos a essência desse sentir
Que não se cale as palavras ditas no início tão suaves que me conquistaram
Que nossos sorrisos ecoem no silêncio, pois, esses momentos são de pura magia na tua e na minha vida
Que eu seja teu esteio quando o peso do mundo te fizer desmoronar
Que eu consiga enxugar tuas lágrimas quando elas insistirem em derramar
Que eu te olhe sempre com carinho mesmo quando tu não merecer o meu olhar
Que eu saiba te ouvir nas horas em que o ciúme esteja tentando me sufocar
Que eu te beije em vez de abrir minha boca para te ferir e te fazer chorar Que eu saiba viver somente para te amar

Rosana Morais

Urgência de ti

Da janela olho a lua e imagino a nossa distância, eu olho para a rua soturna e me vejo perdida, a única coisa que me acompanha são as tuas lembranças.
Saio da janela entro no quarto que parece enorme a cama me acolhe... me encolho, penso em ti, suspiro querendo tua presença que não tenho, que quero, tenho urgência do teu cheiro, do teu corpo, de um simples abraço teu.
Encolhida adormeço, e num sonho te vejo, te beijo, te amo, desperto sorrindo, mas, acabo chorando... Foi só um sonho insano que deixou teu gosto em minha boca, mas, por ser sonho, logo foi se dissipando, dando lugar ao gosto amargo da solidão, que aos poucos vai me consumindo, me fazendo ver o quão é difícil ficar sem te ter palpável em mim em cada amanhecer.

Rosana Morais

Rotina

Custo sair de casa e quando saio parece tudo novo.
No ônibus vejo gente no seu entre e sai, sinto cheiros diferentes de pessoas e perfumes, cada parada uma nova visão, da panificadora um cheiro gostoso de pão que é trazido pelo vento em minha direção...
Pessoas apressadas destacam-se pela correria, umas para chegar logo em casa depois de um dia exaustivo, outras para chegar ao trabalho no seu ganha pão no horário certo para não ser demitida.
Eu observando pela janela do ônibus toda uma dinâmica, o trânsito que pára de repente reclamações porque dentro do ônibus está quente uns querem abrir a janela outros não querem que o vento entre
O "motora" já cansado da rotina e da confusão assim que abre o sinal dá um arrancão, o povo todo reclama e começa a zoação
"isso aqui não é carro de boi e não é a tua mãe que tu ta levando, não!"
E assim a viagem continua... Eu da janela do ônibus olhando as ruas, o movimento do ônibus trás nostalgia, mas, para muitas pessoas é a realidade de todos os dias, no vai e vem rotineiro da vida que passa sem ser sentida... Amanhece trabalho, anoitece dormida... E a vida, onde fica?
Uma certeza eu tenho, ela não espera para ser vivida.

Rosana Morais

Em nome do amor

Hoje o romantismo se faz presente
Hoje tem cama quente em nome do amor
Hoje declarações serão feitas, como todos os dias
Mas hoje elas terão outro teor
Tudo em nome do amor
Hoje tem perfume de flores
Pintarei um céu multicores para sentir tua presença
Teu cheiro, tua essência
Em nome desse amor sentido, degustado com ternura, com sabor de coisa pura
Difícil de explicar e de esquecer só eu posso entender o gosto gostoso que é te ter
Me abres o coração e a mente, não só hoje mas sempre
Pois o amor tem teu nome latente, presente, afixado, em mim atrelado
Hoje em vez de chocolate quente quero beijos ardentes aquecendo como vinho
Nossos corpos, nosso ninho
Hoje tem amor vespertino continuado
Sem descanso nem cansaço
Só desejos e carinhos
Ah, esse amor que nos devora espero que nunca vá embora mas que seja como fogo, aquecendo nossa história
Iluminando o nosso destino

Rosana Morais

Tentação

Tu se fez poema naquela noite lúgubre sob a luz dos castiçais
Inspirou-me a alma, o teu olhar invasor ao te ver pela primeira vez pensativo naquele cais
Esboçou um sorriso, mas, parecia tão perdido e eu pensei ,tanto faz
Mas que homem é esse tão lindo, sozinho, aqui na beira do cais
Teve química, conversávamos como velhos conhecidos , queridos amigos procurando desabafar mas nada escondíamos no olhar, nos queríamos sem pensar...
Naquele momento só o desejo fazia parte do nosso pensamento, coisa louca desvairada, pensei, mas, ele chamava atenção, fazia palpitar forte meu coração, enfim, aquele homem era uma tentação e entre conversas e desejosos olhares, achei melhor não tocá-lo, o romantismo aconteceria no papel, continuamos disfarçando vontades, falamos de saudades de amores deixados para trás
O cenário era belo, cheirinho de mar, lugar propício para amar
A lua fazia seu papel refletia sua luz naquele corpo másculo que me surpreendia
Aquele homem que parecia ter caído do céu transformou-se em poesia
E no papel descrevi a entrega de dois corpos enfeitiçados um pelo outro, apaixonados, se amando naquele cais sob a luz da lua e de castiçais

Rosana Morais

Amor que mora em mim

O amor que mora em mim
Nunca me esqueceu
Vive suspirando à minha procura
Imaginando um encontro meu
O amor que mora em mim
Tem um quê de sensatez
Se perde em saudades minhas
Mas respeita todos os porquês
O amor que mora em mim
Grita e silencia
Me chama na agonia
Pois sem mim ele sangra, definha, se asfixia
O amor que mora em mim
Me eterniza na memória
Como um álbum de fotos do passado
Relembrado no agora
Sou verso e poesia
O motivo da tua alegria
É uma pena que só podes me ter assim...
Amor que mora em mim
(Sentimentos platônicos)

Rosana Morais

Um amor que não valeu apena

Ela procurava um amor e no caminho surgiram várias portas, e em uma, meio que hesitando, ela entreabriu.
Lá havia um jardim com flores, odores e suas lindas cores.
As pétalas aveludadas chamaram sua atenção e ela foi atraída pela beleza daquele jardim e entrou, e como não viu espinhos no inicio do jardim, sentiu-se segura, mas, quanto mais se envolvia na "beleza" daquele jardim, mais espinhos encontrava.
E no emaranhado daquilo que ela acreditava ser lindo e aprendera a amar, ela foi se ferindo e ela sabia que aquelas feridas não cicatrizariam tão cedo, e assim, ferida resolveu voltar.
Hoje ainda existem portas que a levam a lindos jardins, mas, o máximo que ela faz é entreabri-las devagar e apreciar de longe as flores e suas cores, deliciar-se com seus odores, somente, pois os espinhos da decepção machucaram profundamente o seu coração

Rosana Morais

Me refaz

Eu te sentia na brisa, nas manhãs ensolaradas
Mas também te sentia no vento forte da chuva que chegava
E quando estava triste te procurava
Era no teu colo aconchegante e morno que eu chorava
Já esbravejei quando me senti derrotada
Mas também chamei por ti mesmo estando calada
Meus medos se agigantavam em tudo que eu tentava
No amor
Nos sonhos
Sem ti minha voz calava
Me leva pra onde tu vives
Me lança nos ventos dos vales
Me emaranha nos céus por entre as estrelas
Me cerca
Me cega
Deixa-me ver só o bem que tu queres pra mim
Sei que é tudo que queres
Me acalma com a tua benevolência
Me transborda de paz
Me refaz

Rosana Morais

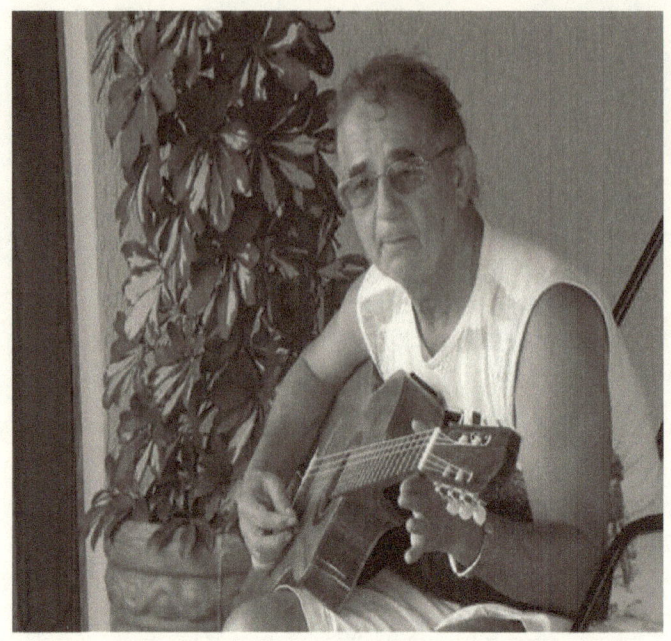

Milton Jorge da Silva, advogado atuante na Comarca de Deodápolis-MS e região,
Escritor nas horas vagas com predileção pela Poesia.
Filho de Inácio Jorge da Silva e Maria Silvestre da Silva.

Livros Publicados:
1 – Páginas da Vida – Associação de Novos Escritores do Mato Grosso do Sul.
2 – Versos e Sonetos para um Novo Amanhecer. Editora Fonteneles.
3 – A Saga de Kauã, O Romance do Pássaro. Editora Fonteneles Livros e E-books Amazon.com.br
O Meu Ser se Faz Poesias . Volumes 01-02-03-04-05-06
Poesias e Contos que Não Dão Descontos.

Poesias que Fazem Sonhar. Volumes 01-02
Herói Sem Rosto, A saga de Diogo do Gurupi.
Antologias:
Talento Poético 2.017 - 2018 – Editora Becalete.
Antologia Mel Poesias – Uny Editora.
Um Sonho de Todos. N.E Etiquetas.
Poesias Entrelaçadas Antologia – Uny Editora.
Meus Contos Volume 4 -Editora Becalete.
HAIKAI – A Antologia I
Editora Becalete
Sentimentos Transcritos Antologia Literária – Uny Editora.
Antologias – Inspiração em Verso IV e V. Editora Futurama.
Coletâneas – Futuro Qual Será? Projeto Apparere –Perse /
Encontro de poetas Vol.3 "VIDA" – JPC Editores/Clube de Autores
Antologia Aquarela de Emoções – Darda Editora.
Contos da Noite – Antologia Nacional de Contos de Terror – Editora Becalete
O Livro Mágico I e II – Editora Becalete
Antologia Literária Profundidades da Alma – Uny Editora
Antologia Poética – Recanto das Letras V. 03 – Recanto das Letras

Saudade.

Desperto de um sono profundo,
Sinto nostalgia e saudade.
Absolvo as dores do mundo,
Impotente diante da realidade.

Penso que viver é sofrer,
Sinto a alma perdida em comoção.
O grito cala e não quer dizer,
Das dores cravadas no coração.

Um galo ao longe entoa um cantar,
Primeiro sinal do amanhecer.
A passarada em festa à saudar,
A beleza da luz do alvorecer.

O sentir da vida a cada instante,
Fere de morte a dor da saudade.
Que deixa de ser importante,
Perdendo espaço para a felicidade.

As flores exalam perfume inebriante,
Para aromar a morte da saudade.
Que não resiste nem por um instante,
A presença de carinho, amor e felicidade.

Milton Jorge da Silva

Resposta.

Quantas vezes calado à pensar,
De onde vim e aonde vou dar.
Em silêncio calado cismar,
Se certezas irei encontrar.

Tudo o que penso não bate,
Falta clareza na explicação.
As teorias em debate,
Não têm senso ou razão.

Big Bang, Criação, Evolução,
Sentem a falta do ponto inicial.
Adeptos da Criação,
Agonizam no pecado original.

Prefiro ser filho do amor,
Esse sentimento que me satisfaz.
De pai para filho o acesso sem dor,
De filho para neto um grau a mais.

De amor em amor sucessivamente,
Prova maior da Criação em Evolução.
O Big Bang explode pacificamente,
A resposta do amor é a solução.

Milton Jorge da Silva

O dia de natal.

Quando ainda garoto,
Não gostava do dia de natal.
Um mero dia maroto,
Para lembrar o Social.

Meninada dos Vizinhos,
Presentes e bonecas de cristal.
Para os mais pobres balas e doces,
Divisão bem natural.

Nas casas tantas esperanças,
Nos sapatos expostos nas janelas.
Reinava sempre uma desconfiança,
No Papai Noel criança.

Bombons e balas de mel,
Com gosto de chocolate.
Na alma um gostinho de fel,
No amargor do embate.

O Natal aos poucos revelando,
Toda a brutal diferença.
Papai Noel em seu Trenó desfilando,
A indiferença da crença.

Milton Jorge da Silva

Mulher.

Quantas almas habitam,
No coração da mulher.
As várias fases indicam,
Ser um Ser de muita fé.

Criança, menina moça,
Princesinha da escola.
Um belo futuro esboça,
O parceiro não demora.

Namorada, noiva, esposa, mãe,
Companheira fiel na dor ou na alegria.
Força para durante a vida inteira,
Ser perfeita companhia.

O sonho de ser mãe é sublime,
Cumprimento de sagrada missão.
Empreitada que a redime,
Sem ter que pedir perdão.

Cuida da casa e dos filhos,
Sem pensar em reclamar.
Não existe empecilho,
Que a impeça de amar.

Milton Jorge da Silva

Busca da amizade.

Em busca de amizade,
Crio laços Divinais.
Descubro que a humanidade,
Vive parâmetros normais.

Aquele abraço de amigo,
Com gostinho de saudade.
É reconforto e abrigo,
Que revigora a amizade.

Sentimento sublime e Divino,
Da canção é a melodia.
Como o som de violino,
Que completa a harmonia.

E no momento da volta,
O gosto da despedida.
O destino traça a rota,
O caminho da partida.

Na mente fica a certeza,
Que a amizade é amor.
Nesse gesto de grandeza,
O calor do abraço ficou.

Milton Jorge da Silva

O homem bom.

Quem será o homem bom,
Que nos serve com alegria.
Da canção ele é o tom,
Que equilibra a melodia.

Quem será o homem bom,
Que é sinônimo de abrigo.
Que está sempre disposto,
A atender um amigo.

Quem será o homem bom,
Que não vive na ambição.
Que compartilha o que tem,
E mata a fome do irmão.

Quem será o homem bom,
Que não deseja a riqueza.
Que tem na solidariedade,
A sua maior grandeza.

Quem será o homem bom,
Que ao passar por essa vida.
Marcou com o sinal da Cruz,
As pegadas a serem seguidas.

Milton Jorge da Silva

O tudo e o nada.

Com a alma habituada,
Aos seus vôos no sonhar.
De cor conhece a estrada,
Por onde vai flutuar.

Segue em silêncio cantando,
Uma canção só para mim.
No universo voando,
Num sonho que não tem fim.

Seja verão ou inverno,
Não importa a estação.
Sempre em busca do eterno,
Paraíso do perdão.

Sabe do nada que a espera,
O nada que forma o tudo.
Navega nessa quimera,
Em busca de conteúdo.

Olha o tudo e nada vê,
Cai em si já não é nada.
Não consegue compreender,
Como o tudo forma o nada.

Milton Jorge da Silva

Caminhar.

Feliz é o Ser que a sonhar se atreve,
Pois aprende a fugir da realidade.
Sabe que a vida é passagem breve,
Não se preocupa em contar a idade.

Viaja distribuindo alegria,
Porta-se sempre em estado de graça.
Na luta pelo pão de cada dia,
Com um sorriso à todos abraça.

Encara o espelho sem temer,
Percebe as rugas e os traços.
Gosta da imagem que vê,
Os anos são sucesso e não fracasso.

Segue a estrada ao lado da companheira,
Rejuvenescendo nos filhos e netos.
Leva a vida na brincadeira,
Nesse caminhar discreto.

O trem que segue adiante,
Rumo a um novo horizonte.
Dentro da alma já sente,
Que o futuro é instante.

Milton Jorge da Silva

Quando tudo mudou.

Quando sentir que tudo mudou,
Não percas tempo a se lamentar.
Conserve e sigas com o que restou,
Tenha forças para recomeçar.

Se aquele amor perdeu a chama,
Se foi-se o tempo do ardor.
Não basta mudar a cama,
Pois nela não há amor.

O tempo leva a ansiedade,
Que impregnava a vida.
O amor volta a ser amizade,
Jóia rara e preciosidade querida.

Na vida fomos manhã radiosa,
Sol abrasador do meio dia.
Entardecer paciente e harmonioso,
Antes da noite nostalgia.

Recordar o que se passou,
Confortar-se nas realizações.
O Ponto Final ainda não chegou,
O trem segue carregado de emoções.

Milton Jorge da Silva

Retratos de mãe.

Quando olho nos olhos da mãe,
Ainda vejo traços daquela mulher forte.
Que em busca de guarida,
Aventurou-se a deixar o querido Norte.

No Sul encontrou uma pessoa querida,
Com o pai fez-se uma grande amizade de amor.
Nesse recomeçar da vida,
Uma grande família se originou.

Oito filhos foram gerados,
Somadas a uma linda adoção.
Não cederam ao trabalho pesado,
Tudo valia a pena na arte da Criação.

Calaram todas as dores,
Disfarçaram as amarguras.
Seguiram o exemplo das flores,
Só exalavam perfume e doçura.

O pai se foi, a mãe em idade avançada,
Quase sem forças para agir.
Aguarda no Céu a morada,
Anjo que não é daqui.

Milton Jorge da Silva

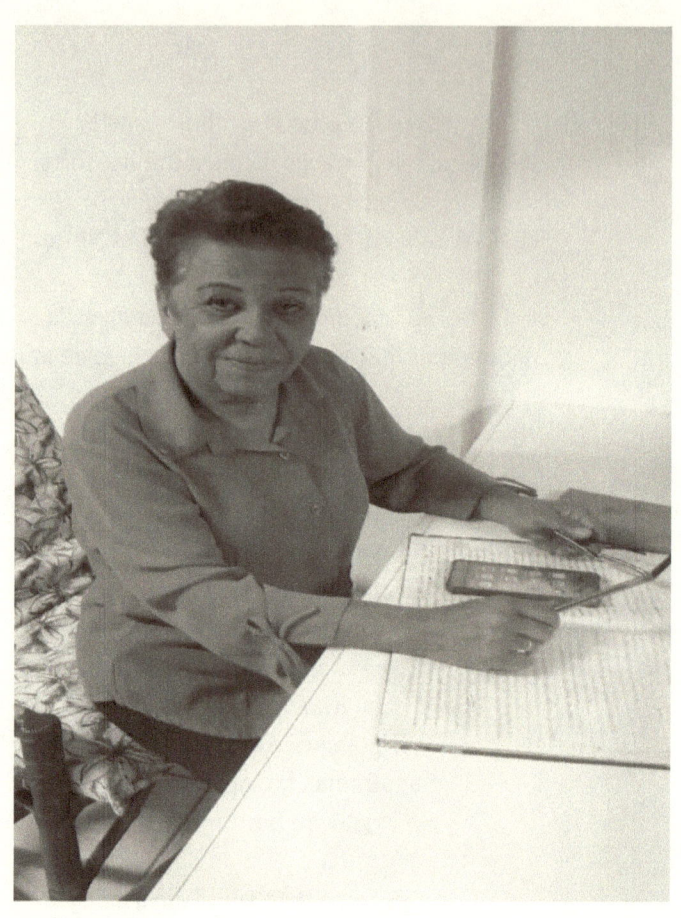

AUTOBIOGRAFIA

Marilú Dione Mattos da Silva, gaúcha, 66 anos, nascida em Palmares do Sul, interior do Rio Grande do Sul, divorciada, mãe de quatro filhos e cinco netos. Mora atualmente em Criciúma, SC.

Aos 17 anos ganhou o primeiro lugar em um concurso ginasial entre mais de 300 alunos, com a redação sobre Santos Dumond. E assim, pela primeira vez o dom da escrita apareceu, dando a ela uma viagem de avião até Foz de Iguaçu, PR.

Já adulta escreveu o livro "Pedaço de vida", que ainda não foi publicado. Escrever nunca foi um trabalho, porque faz isso por gostar e se diverte escrevendo. Atualmente está envolvida em seus mais de 70 poemas e dando seu primeiro passo como escritora.

Sua inspiração vem naturalmente, sem precisar de lugar ou momento específico. O amor pelos livros é tanto, que sempre presenteou suas filhas com livros, além de brinquedos e ler histórias infantis já fazia parte de sua rotina. Um sonho de infância que ainda permeia seu coração é de ter uma biblioteca e estar rodeada de livros. Atualmente está envolvida em seus mais de 70 poemas e dando seu primeiro passo como escritora, na participação do livro do escritor João Paulo Brasileiro (Os mais belos poemas de J.P.B.)

<u>Inspirações, de onde vens?</u>

Alguém me perguntou,
 De onde vem minha inspiração,
Se tenho dom espírita,
 Alma de algum poeta,
Do além, de outra vida,
De outra encarnação,
Que me sopra frases no ouvido,
 Ou vem do coração?

Não sei o que acontece
Só sei que me aparece
Assunto nem sei de onde
Enquanto o real se esconde
Aflora e aguça a imaginação...
Me ponho a escrever
Sem mesmo sabe por quê
Apenas me vêem a mente
Tantas coisas diferentes
A me dar inspiração.
Sinceramente eu queria
Ter paz e tranqüilidade
Falar de minhas verdades
E das oportunidades
Da verdadeira amizade
Da justiça e liberdade
Das coisas que acredito
Do sentimento mais bonito
Do amor e lealdade
 E da nossa realidade
Da busca de igualdade
E da tal felicidade!

Enquanto tempo não tenho
Nem calma pra escrever
Recorro as minhas vivências,
Que me instigam a responder,
A única certeza que tenho,
E disso não abro mão,
Só escrevo o que sinto,
Direto do coração!

Marilú Mattos (grão de areia)

Será que vai chegar?

Tudo ali está
Tudo a te esperar
O mar com as ondas a valsar
O sol a iluminar
Querendo te bronzear
O céu a testemunhar
Na certa vai abençoar
E o vento a balançar
As folhas das árvores
Sei, que vais gostar...Será
Aonde você está?
Quando vai chegar?
E será que virá?
Deixa o tempo passar
Deixa o sol esquentar
Deixa o mar levar
Deixa a brisa refrescar
Deixa a espera findar
Deixa o amor aumentar
Deixa sim, ela observar
Tudo que está a te esperar!
Tudo tão perto dela está,
Falta você, dois olhos lindos,
Chegando e sorrindo,
Para festejar,
Um amor ardente,
Sempre presente e a esperar!

Marilú Mattos (grão de areia)

Se tiver que atingir...

Se tiver que atingir
Que seja o coração
Seja com palavras bonitas
Nunca com palavrão
Seja uma alma bendita
Nunca uma maldição...

Se tiver de atingir
Que seja com compreensão
É muito triste ao outro ferir
Se achar um valentão
Querer ser superior
 Sempre com pedras na mão...

Se tiver de atingir
Que leve humanidade
Pode até infringir
A lei da quantidade
Quanto mais gente atingir
Maior a felicidade...

Se tiver que atingir
Que seja na atitude
Dê amor, mostre respeito
Faça o bem, e bem direito
Pois o mal já está feito
Tem que haver a finitude...

Se tiver que atingir
Que seja com gratidão
Seja humilde e honesto

Essa prática te confesso
É a melhor solução
Atingir sempre alguém
Ter sempre uma boa ação
Cumprimentar, sorrir, abraçar
E estender a mão
Saber que é capaz
De ajudar um irmão
Isso a ti satisfaz
É o caminho da paz
 Direto ao coração!

Marilú Mattos (grão de areia)

Reclamar por quê?

É madrugada
Cai a chuvarada
O sono não vem
A alma calada
Me faz tanto bem...

O silêncio é quebrado
Pelo galope dos pingos
No ritmo bem marcado
Das trovoadas também
Fico assustada
Percebo que a estrada
Está alagada e
Não consigo dormir
Pois o medo me detém
Insônia ,é hora de partir

Nem me lembro do sono
Mas dos desabrigados
Em pleno abandono
Morando nas ruas
Perdidos nos vícios
Desiludidos, livres
Desempregados
Inquilinos da lua

Presos sem culpas
Pobres reféns

Reflexos do sistema
E de mais ninguém

Me sinto ingrata
Fico amargurada
Pois tenho alimento
Roupa lavada
Cama arrumada
Uma morada
E me lamento
Pela ausência do sono
Não te fundamento
Reclamar por nada
Me sinto envergonhada
Por tudo que tenho
Enquanto muitos
Tem como cama
O frio das calçadas
Quando muito
A luz vem da lua prateada
Ou de uma noite estrelada!
Reclamar por quê?
Tenho mais que agradecer
Pois sou uma afortunada!

Marilú Mattos (grão de areia)

Encontro de almas...

Onde aconteceu,
Como aconteceu?
Duas almas perdidas
No azul claro do céu
Nos sentimentos jogados ao léu...
Só sei que voavam e de repente
Um fatal olhar
Um sorriso promissor
E o amor ali nasceu !
Duas almas tão distantes,
 E tão diferentes
Almas puras e inconseqüentes
Buscavam viver o que agora sentem...
E o destino as surpreendeu
A tristeza foi embora
A alegria apareceu
E o sorriso rejuvenescido
Ganhara vida nesse amor vivido.
Ambas diferentes mas a magia aconteceu
Uma era química,
Outra alquimia,
Uma fogo
A outra paixão

Formou ali uma ebulição
Mesclou a pureza, pele
 Sentimento e a magia
Em transformação
Amor incendiado
Deserto e oásis
Encontro da química,
Com a alquimia
Duas almas felizes
Vivendo a paixão
Equilíbrio certeiro
 Encaixe perfeito
Adeus solidão!

Marilú Mattos (grão de areia)

O livro...

O livro me fez sentido
Quando aprendi a ler
Sem ele seria difícil
Essa estrada percorrer
É nele que eu viajo
Ele me ensina viver
Um dia ainda me atrevo
E o meu vou escrever
 Deixar nas folhas escrito
Um pouco do que aprendi
Nem tudo estará no livro
 Mas muito do que vivo
Que a capa pode ser linda
Mas com o tempo ela acaba
O conteúdo é o que importa
Ele é o meu fomento
Esse alimento não estraga
Pois é puro sentimento...
Nunca fechei essa porta
Nunca amareleci
 O certo é que foi lendo
E vivendo, que amadureci.
Tenho no livro um amigo
Posso a ele sempre abraçar.
É só tirar da estante
Quando a saudade apertar
E apenas num instante
Como livre viajante

Me sinto como gigante
Ou passarinho errante
  Já começo a voar
Acalmo minha alma
Absorvo a leitura
Sou uma nova criatura
Pronta a recomeçar
Abraço meu livro amigo
Que ali comigo está
Ele é todo meu abrigo
Ele que me faz sonhar
Com ele não corro perigo
Aprendo e posso ensinar
Que o livro é o caminho
Pra gente se amar!

Marilú Mattos (grão de areia)

Conversa fiada...

Tanta conversa fiada
Tanta promessa em vão
Quem muito promete não paga
Isso já é tradição.
Tanta gente enganada
Vivendo de ilusão
Tanta conversa fiada
Tudo é enganação
Tanto caminho incerto
Tanta desilusão
Tanta esperança perdida
Tanta separação
Tanto valor invertido
Tanta bifurcação
Tanta criança chorando
Por um pedaço de pão
Tanta tristeza escondida
Atrás de um sorrisão
Tanto povo perdido
Caindo em contradição
Tanto faz se é noite ou dia
Tudo é escuridão
E a família esmolando
Por trabalho e educação
Tanta conversa fiada,
No fim só leva ao nada
A multidão fica calada
Em plena contemplação

O poeta sonha alto
Voa com os pés no chão
O cantor conta suas mágoas
Numa bela e nova canção
O amor foi enganado
Era só uma paixão
Tanta pessoa sozinha
Caindo em depressão
Outra parecendo zumbi
Em meio à multidão
E o tráfico de drogas driblando
Mantendo a corrupção
Como se precisasse
Mais esse empurrão
Mas a esperança cresce
Na época da eleição
Lá vem conversa fiada
Lá vem a 'procissão
Nunca vi tanto 'santo
Esperando 'oração '
E os 'fiéis ' acreditando
 Com o 'rosário' na mão
Tudo conversa fiada,
Não há 'milagre' não
É só mais um 'causador'
Do caos da grande nação!

Marilú Mattos (grão de areia)

O sol interior...

Parou de chover
A lua não veio, e nem virá
A noite indecisa a me instigar
Amanhã o sol vai brilhar?
Mesmo que não venha
Em mim vai estar.
É um novo dia, tudo mudará!
Não estou aqui por estar...
Tenho missões a se completar
Sou várias em mim, a me ajudar
Sou simples matéria a caminhar
Carrego a fé a me guiar
E a esperança do mundo mudar
Ser bondade e inspirar
Ser forte o bastante e sempre lutar
Erguer a cabeça e não desanimar
Ser mais alegria que chorar
Ter energia pra trabalhar
Fazer o pão e multiplicar
No lugar do outro me colocar
Entender o valor do respeitar
Aprender e ensinar
Que ninguém veio pra ficar

Do pó eu vim, para o pó vou voltar.
É necessário se doar
É essencial se Amar
É preciso ser rio e transbordar
Ser água da vida e purificar
As trevas do ódio, em luz, transformar
E na humildade se espelhar
É nessa verdade que costumo andar
Só ela me libertará
Minha missão é o bem praticar
Não tem segredo, é somente AMAR,
Esse é o interno sol a me iluminar!

Marilú Mattos (grão de areia)

Já era...

Não faça promessa
Se não vai cumprir
Não engane o ouvido
A te ouvir
Não me permito
Me iludir
É hora de partir, pode ir
Dessa conversa, cansei
Já era...
Já foi
Não sou fera
E amar por dois
No inicio tudo é bonito
O triste e feio
Vem depois!
Não brinque com sentimentos,
Você vai ser brinquedo
Em algum momento.
Palavras e promessas vazias
São levadas com o vento.
Não dá pra viver de espera...
Sinto muito
Você já era!

Marilú Mattos (grão de areia)

Chuva fina!

Ela veio como avisara
Desmascarada
Sem dizer nada
Apenas cumprindo
O que prometeu...
Iria chover, e choveu.
Ela vem pra alimentar
Tantas vidas a lhes esperar
Tanta esperança a se renovar!
Necessária e lenta
Vem como sempre revitalizar
A terra seca, o vazio do rio
As folhas do pomar
Vem com um convite insinuante
Suave e fria a atentar
 e o corpo cansado
Só quer descansar.
Lá fora ela brinca
É tão ligeira
Que nem dá tempo
Pra me molhar.
Aqui dentro encontro
Umas gotas de lágrimas,
 escondidas, a se misturar
Com a chuva fina
Pra disfarçar,
A alma sentida
Da menina, a transbordar.

No leve esforço
A chuva é o esboço
Da triste alma que deixou de sonhar!
O amor como essa chuva fina,
Veio, molhou,
 E se foi sem esperar,
A natureza e o coração,
 a se acostumar
Com a inconstância do tempo
E do verbo amar!

Marilú Mattos (grão de areia)

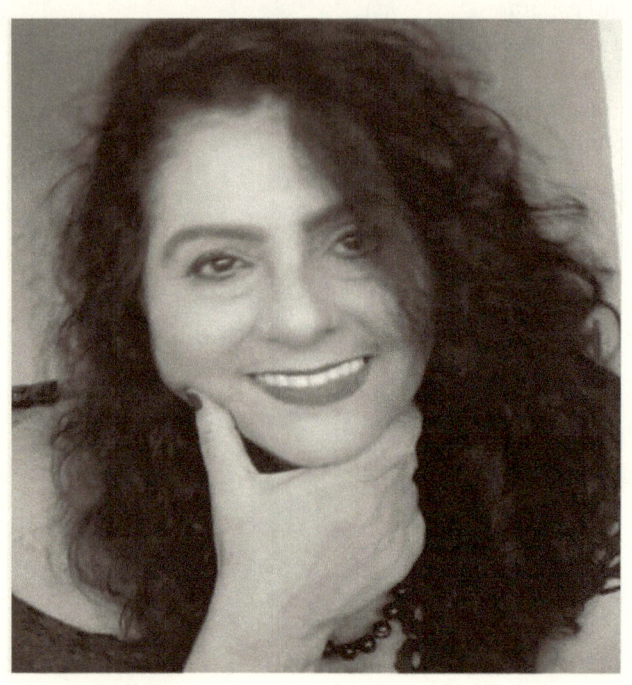

Lorena Francisca

Sou natural de Erval Grande
Estilista e designer de moda

Ainda adolescente, as emoções fluíam e eu passava para o papel em forma de poesias

Hoje aposentada e Acadêmica, já participei de 15 antologias e inúmeras coletâneas!

Sou mãe, esposa e avó

Os meus filhos são quatro, e de todos os meus poemas são eles os mais sagrados...

São minhas obras mais perfeitas!

Participação na Coletânea Encontro de Poetas Volume 4 = VIDA

Exorcizar

Eu sou complicada
Faça de mim linda poesia
Escreva e me poetize
Por mais que sempre te avise

Não deixe de sempre lembrar
Nunca te esqueças
De primeiro me exorcizar
Mesmo que eu não pareça
Não sou uma boa menina
Depois no teu abraço, grudo
Vou te querer todos os dias
E nem com feitiço desgrudo
Vou te fazer companhia
Vou te tratar com carinho
Vou lhe por pra deitar
Vais acordar bem cedinho
Para o meu dia enfeitar
Vais viver só para mim
No teu corpo me vou colar
Vou viver só do teu lado
Depois que me exorcizar!

Lorena Francisca

Queridas mãos

Queridas são todas as mãos
Que mesmo cansadas.
Mesmo doridas e suadas.
Nos fazem carinhos

Abençoados todos os braços
Que distribuem abraços
Quando o cansaço
Nos impõe desalinhos

Em nossos destinos.
Tem sempre uma mão
Pra nos levantar,
Para nós guiar

No nosso caminho
Pode ser um irmão
Pôde ser um amigo
Usado por Deus
Para nós ajudar!

Lorena Francisca

<u>Versos de amor</u>

Perguntas se quero ouvir um louvor?

Será que pode deixar pra mais tarde?

Sabe o que é querido Padre?

Estou escrevendo uns versos de amor

Considerados picantes para o senhor,

Bem sensuais...!

Mas para mim... Não são demais.

À minha saudade é imensa. "É amor "

Que o senhor nem queira entender!

É um misto de ser feliz e sofrer

De cada dia um pouco morrer.

E cada dia aumenta e dói mais!

Lorena Francisca

O universo e feito com amor

Quando falo em amor verdadeiro

Nem sempre falo do amor corriqueiro

Dos casais do homem e da mulher

Falo do amor de pessoas iluminadas

      Que tem o amor de formas ilimitadas

      Que tem o amor universal n'alma

      Aonde chega tudo fica mais bonito

      Colorido lindo de uma vida calma

Ela sorri com os olhos docemente

Sabe que além de sua imagem

É mais bonito tudo o que sente

Tudo que escreve diariamente.

      Que tem uma beleza tranqüila.

      De alguém que sabe ser bonita.

      Não se preocupa ela acredita.

      Que tudo vem do nosso interior.

Tudo vem do universo criador

De gente que sorri com os olhos

Perto delas a vida é uma alegria

Da vontade de sonhar poesias.

Lorena Francisca

Viver Num Sonho

Dizem que uma poetisa

É complicada demais

E dizem também que seus pés

Não tocam o chão. Jamais

E tem mais ela vive de sonhos

Nas estrelas no mundo da lua

Posso sentir o amor que proponho

Não é impossível de achar...

É diferente em pequenos detalhes

Não é feito só de excitação

É companheiro na dor e aflição

Que ninguém nunca atrapalhe

Não complique nem cria embaraços

Por você tenho muito carinho

 Nunca fique sozinho

Pois tem sempre meus braços

Alguém que te liga puxando briga

Somente pra ouvir sua voz

É feito alma gêmea

A vida é pequena para nós

Lorena Francisca

Pedido

Eu peço a Deus nesse dia de sol

que vem surgindo no horizonte...

A Deus que fez as criaturas

A natureza as florestas e os montes

Não permita Deus que aconteça

Que um dia infeliz ou na noite escura

Que eu deixe de amar e anoiteça

Entristeça e venha perder a doçura

Conserve a paz na leveza do amor

Que eu não venha sucumbir à dor

Não permitas que chore a poesia

Se não for do jeito bom e sonhado

O Senhor mandará outro dia feliz

Mandara outro sonho recheado.

Amanhã outros dias melhores

Viverei outro sonho esperado

Lorena Francisca

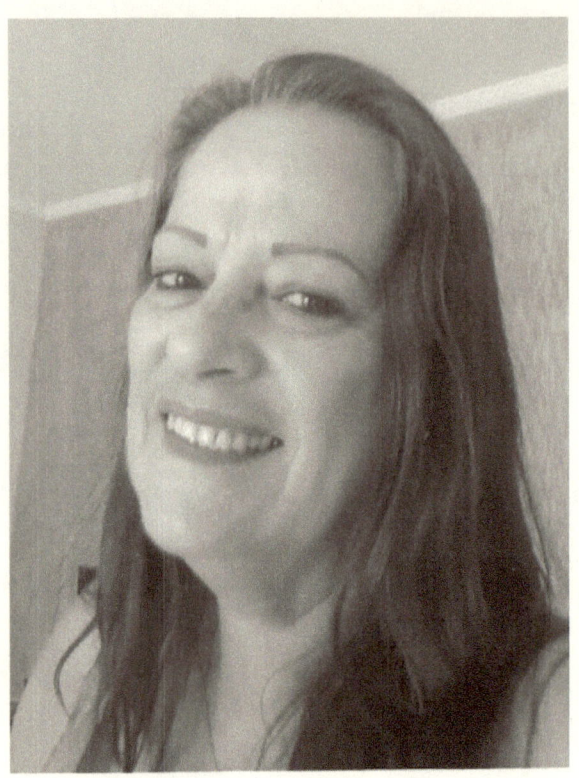

Poetisa Sol De Souza, paulistana, 59 anos. Moradora em Bertioga/ SP. Secretária do lar, com três filhas e três netos, viúva. Com 14 anos eu escrevia poesias, mas nunca levei a sério. Há dois anos acompanho de perto as escritas. Quando percebi estava conflitante envolvida... Hoje tenho uma página "Decifrando o Coração" que está sendo bem aceita. Deus acima de tudo, aos homens de boa vontade! Abraços poéticos perfumados com a suavidade das flores!

Vivenciar o amor
Sol De Souza Poetisa

Mortes de entes queridos que nos deixam um enorme vazio.
Perdas que entristecessem e nossas "almas e corações"
Sentimentos adversos, indagações e os porquês
Sentimentos únicos a cada perda
Coração chora, implora por clemência
Mesmo sabendo que a morte é a única certeza que temos
Nunca estaremos preparados...
De joelhos suplicamos a Deus piedade, assim é feita a vontade dele
Ficamos magoados, entristecidos
Pela triste despedida, irmãos, esposos, parentes, amigos ate mesmo um desconhecido
Mas, somente o tempo para amenizar tanta dor...
A morte escancara, estilhaçando nossas almas e nos expondo a fragilidade diante dela
Ficamos vulneráveis entrando em profunda depressão.
Frustração por pensar que poderíamos ter feito muito mais
Mas, muitas vezes não é nada disso...
Faltou dizer o quanto os amávamos
Vamos dizer as todos que nos rodeiam e mostra o quanto os amamos.
Fazer em vida, para que seja desfrutada com o melhor do aconchego, de nossas almas e corações.
Dizer que ama é uma graça nos concedida gratuitamente. Porque não usá-la com mais freqüência...

Brisa
Poetisa Sol De Souza

Te amo em segredo, não ousarei contar a ninguém
Tu és meu príncipe, completa meu coração
Ficarei calada, nem tu irás saber
Esse sentimento, somente a mim pertencente
Consigo ouvir sua voz e sei o gosto gostoso dos seus beijos
Não deixarei que ninguém saiba o quanto te amo
É difícil eu sei, mas, somente assim terei você
Já estivemos juntos, lembra!?
Com nossos fazeres, nos distanciamos
E evidentemente que tenho seu cheiro, o sabor dos seus beijos, o calor dos seus abraços enlouquecedor
Não direi quem tu és, mas saberá...
Quando sentir a brisa da madrugada, em seu terraço...

Minha perdição
Poetisa Sol De Souza

Você, doce tentação
Chegou dominando tudo
fez com que eu perdesse a razão
Agora estou aqui
Perdi noção, do certo e errado
Cai em tentação
Pequei, por motivos contundentes
Tens na boca o mel
Que apimenta nossa relação
Quando estamos juntos
nossos desejos
Nos transformam em chamas,
delírios, desejos,...
Feito vulcão, explosões de sentimento
Que nos tornam um
Um coração uma alma, um em tudo
Amor, paixão e desejos
Continuarei pecando em seus lábios...
E delirando em seu corpo deliciosamente.

Aos quatro cantos
Poetisa Sol de Souza

Impossível não te amar
Fico a questionar
Como pode existir um amor , tão forte assim
Que chegou de mansinho

Para tornar-se um tudo
Amor que dedico, todas as horas da minha vida
Amor fascinante, arrebatador
Como não amar o amor?

Meu amor vai além do imaginário
Aos poucos me entrego a esse sentimento
Sem medo de ser feliz
Como não te amar...

Amo-te se preciso for gritarei...
Aos quatro cantos
Impossível não te amar
Meus sentimentos declaro a você

Assim como você o faz
Como não amar-te?
Se nossos corações criaram um elo
Nossas almas estão entrelaçadas

Nossos corpos se desejam
Não lutarei contra esse amor
Vivenciarei a cada milésimos de segundo
Eu amo como se ama o amor!

Conduza-me
Poetisa Sol De Souza

Eu não fechei meu coração
Adentre, se aconchegue
Fique bem pertinho de mim
Quero sentir seu cheiro

E assim daremos seqüência aos nossos sentimentos
Quero amar e ser amada
Me acolhe em seus braços

Sou sua e vamos nos entregar
Deixaremos esse amor nos embalar
E nossos corpos entrelaçar-se

Conduza ao máximo do êxtase
Com suas mãos acariciando meu corpos
Sua boca sedenta pela minha

Fazendo-nos delirar, mergulhando nesse mar
De desejos e paixão, até que desfalecêssemos em nosso leito de prazer.

Poeta decifra
Poetisa Sol De Souza

Poeta é um ser incrível
Decifra o amor em todas as suas formas
Poeta, é feliz, chora, sofre,...
E principalmente, põe Deus acima de tudo

Pois, nós, poetas, sabemos que Deus nos proporcionou o dom das escritas
De passar aos seus leitores as mais belas mensagens

Poeta não é um fingidor
Ele ao passar para o papel suas poesias, está vivendo cada palavra

Nós, poetas, fazemos de tudo para decifrar os mais puros dos sentimentos de um coração
Colhendo e transmitindo os sentimentos, que nem todas as pessoas conseguem fazê-lo

O poeta não é um fingidor, é sim um instrumento nas mãos de Deus, transmitindo sentimentos variados, é consciente que seu trabalho nunca será em vão

Pensamentos meus
Poetisa Sol De Souza

Sempre que achares que está disposto a amar e ser amado, consulte seu coração... Ele irá dizer se está disponível pra que isso aconteça.

Tem pessoas que querem um amor racional, mas só será possível se o coração estiver junto, e ficarem sincronizado...
E assim podemos vivenciar esse amor, recíproco

Se jogar em um universo, que poucos conseguem entrar
Ou, esse amor irá se desfazendo aos poucos, caindo no esquecimento, temos que agir com o coração junto com a razão

É como cuidar de uma
plantinha... Regando todos os dias pra que fique linda e saudável.
Assim é o amor, mesmo em dificuldades consegue florescer!!!

Quando se tem certeza que o Amor é recíproco, fica mais fácil de administrar,
com muito mais intensidade.
Vivenciando o melhor que o amor pode proporcionar

<u>Sonhos meus</u>
Poetisa Sol De Souza

Sonhei com meu um príncipe, mais que encantado.
Veio de longe, muito longe...
Quando o avistei corri em direção a ele.

Me atirei em seus braços de uma forma que jamais que ele escaparia, mas não precisou de muito esforço, ele ficou e se rendeu ao nosso amor...

Senti seu cheiro, seu calor e depois o sabor dos seus beijos.
Ah! Tive a certeza que estava completamente apaixonada.

Ele não apareceu em um cavalo branco e sim sua alma veio até a mim.
Fiquei quietinha naquele abraço...
O mundo parou!

Para que tivéssemos nosso encontro encantado, e esperado. As horas param no tempo, para que realizássemos nossos desejos de um coração cheio de sentimentos nobres.

Que hoje relato o melhor do amor!

Coração ferido
Poetisa Sol De Souza

Duas pessoas se conhecem... se apaixonam.
Viviam felizes, pelo menos era o que achavam.
Passaram meses e meses se declarando, amor de almas, amor eterno.
Com o passar do tempo...Ela começou a prestar mais atenção, na pessoa amada.
Sabia que amava por dois, ele foi aos poucos deixando bem claro.
Claro como a água.
Foi quando ela despertou para vida... Dando corda a ele, e outras pessoas.
Em pouco tempo descobrirá a infidelidade...
Ele sem reação não teve tempo para se quer retratar.
Ela estava completamente de olhos vendados por um amor incondicional e fiel aos seus sentimentos.
Mas, não foi recíproco, ela amou sozinha...
Mas, para isso existe a lei do retorno, onde deposita toda sua fé.
Pois a confiança quando e quebrada deixa de ser um cristal para se tornar cacos, que jamais tornar-se como antes.

Coração ferido
Poetisa Sol De Souza

Duas pessoas se conhecem... se apaixonam.
Viviam felizes, pelo menos era o que achavam.
Passaram meses e meses se declarando, amor de almas, amor eterno.
Com o passar do tempo...Ela começou a prestar mais atenção, na pessoa amada.
Sabia que amava por dois, ele foi aos poucos deixando bem claro.
Claro como a água.
Foi quando ela despertou para vida... Dando corda a ele, e outras pessoas.
Em pouco tempo descobrirá a infidelidade...
Ele sem reação não teve tempo para se quer retratar.
Ela estava completamente de olhos vendados por um amor incondicional e fiel aos seus sentimentos.
Mas, não foi recíproco, ela amou sozinha...
Mas, para isso existe a lei do retorno, onde deposita toda sua fé.
Pois a confiança quando e quebrada deixa de ser um cristal para se tornar cacos, que jamais tornar-se como antes.

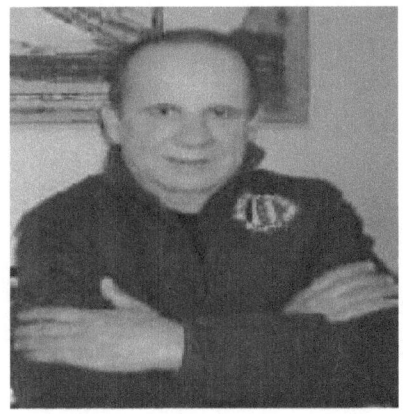

João Paulo Brasileiro
Poeta – escritor – artista plástico e compositor
Autor de 17 livros e 4 coletâneas

Doze livros - poemas e poesias
Cinco (5) livros – ficção/ romance

<u>Esqueci...</u>

Esqueci...
Que há também outras paixões
Que há também outras emoções
Que há também outras esperanças
Que há também outros corações

Esqueci...
Que há aqueles que também esperam
Que há aqueles que também chamam
Que há aqueles que também querem
Que há aqueles que também amam

E por já entender isso, enfim
Resolvi ser meu analista
Só sabe falar de mim
A minha poesia egoísta!

João Paulo Brasileiro

A você que ama... Pense!

Pense...
Em um mar sem praia
Em uma floresta sem folhas
Em um rio mendigando água
Em uma pessoa sem amor...

Pense...
Em um olhar sozinho
Em um dia solitário
Em uma noite vazia
Em um frio sem calor

Pense...
Felicidade existe sim
Saudades existirá também
Cuidar, é uma conquista
Então, elogie o valor

Amar sem pensar é diferente de pensar sem amar

Pense na alegria...
Cuide sem euforia
Conquiste todo dia
Valorize com poesia!

João Paulo Brasileiro

Lady Dy

Aqueles passos lentos, triste
Dedos entrelaçados, medrosos, trêmulos
Aquele olhar de verde quase água
Sorriso pequeno, gigante de simpatia
Dizia a si mesmo não querer ficar
Ficaria assim mesmo se houvesse alegria
Seu amor existia, orgulhoso, imenso
Aquele coração já esquecido das tolices juvenis
Murmurava versos que jamais ouvira antes
Dizendo a seu momento credos de cura e paz
Entre lembranças e segredos em seus olhos cintilantes
Assim era aquela moça, forte, bonita
Que fugia das fugas e desistia dos nadas
Tudo lhe era útil, fútil era nada ser
E da vida só esperava luz
Para clarear os campos do seu bem querer
Ausente, talvez, um tanto diferente
Já não via em seus dias as bobagens sempre ouvidas
Já tanto não temiam os entrelaçados dedos seus
Aquele sorriso curto, imenso, cativante
Resolveu viajar um pouco antes...
E foi sorrir para Deus!

João Paulo Brasileiro

Ah! Que bom seria!

Qual o tamanho do universo?

Qual a cor da felicidade?

Só aqui nesse meu verso

Consigo um pouco de verdade

Versos de amor

De paixões pela vida

Na imensidão da pureza

Da mais inocente gentileza...

Na pureza dessa imensidão

Onde dormem os vendavais

Na inocência dos corações

Amor puro de alma vida

Amor puro que não morre jamais

Vida assim tão bela

Na singela expressão

Com um olhar de criança

De amor tenro e gratidão

A criança não sabe omitir

O amor que dá sem olhar a quem

A criança não sabe fugir

Simplesmente ama sem fingir a ninguém

No mundo de tantas mentiras e farsas

Ah! Que bom seria...

Se com as crianças aprenderia

O valor do amor a vida...

Dueto – João Paulo Brasileiro & Talita Ferreira

Arco Iris

Do alto daquela colina lá no horizonte

Um olhar em campos distantes

Um colorido deslumbrante

Uma curva colorida

Como visão esperada

Parecendo mostrar vida

Depois do céu, a chuvarada

Parecendo querer mostrar

Onde está nosso sabor

Um pote cheio de beijos

Um caminho cheio de amor

Pote de ouro?

Que nada...

Melhor que todo ouro é a pessoa amada...

Onde o destino reservou

Lá no final do arco-íris

Uma história de amor...

Historias tantas contadas...

Amores tantos chegados...

Destinos já reservados

Para o sim da pessoa amada

Que linda essa imagem

O brilho do céu parece miragem

Um dia lá no final desse arco-íris

Saberá quem o destino dessa história

Revelara-te à sua memória

Seu colorido de amor

Sua real vitória...

Dueto – Talita Ferreira & João Paulo Brasileiro

Amor se sente!

Fico aqui sentado frente a essa tela de computador, viajando sobre letras embaralhadas, que quase nunca dizem nada...

Busco compor, colocá-las em ordem, mas, onde está ela?

Não a vejo, e meus olhos tentam buscá-la entre as palavras

Por mais que eu tente dizer do meu sentimento, só consigo passar silencio nenhum afago, nenhum toque, nenhuma cor...

Então, embaralho ainda mais as letras, fecho os olhos, e só assim consigo ler escrito... Ela esta dentro desse meu imenso amor!

Conformo-me então, pois eu sei que ela sabe simplesmente, que amor não se fala... Amor se sente!

João Paulo Brasileiro

Sem

Sem luz...
Sem sol...
Sem brilho...
Sem calor...
Sem ar...
Sem motivo pra sorrir
Sem fome
Sem sono
Fico assim, sim
Quando você resolve sair
Nossos mesmos gostos
Nossos mesmos vaga-lumes
Nossos mesmo pensamentos
Até os mesmos ciúmes
Como posso respirar
Beber, Comer, Cantar
Se você não está aqui
Dando-me teus olhos
Para minha alma alimentar!

João Paulo Brasileiro

Mesclas

Poetas são iguais as mulheres
um dia quer, e faz...
Outros dias, nem se aguentam sequer
Poeta sente quando não sentem
Acreditam quando sabe que mentem
mulher briga, se você não fizer...

Mulheres são iguais aos poetas
Um dia diz, no outro desmente
Chora por não saber se acertou
Mulheres sentem quando não a sentem
Desacredita mesmo quando não mentem
Poeta chora, mesmo quando não quer!

Mas, no tudo do contudo
No texto do contexto
São mesclas de muitos dias
São coisas do querer bem
Um silêncio
Um beijo
E tudo se transforma em poesia!

João Paulo Brasileiro

Apesar

Sempre, apesar dos desvios

Somos como aquela semente perdida e sufocada entre tantas ervas daninhas

Sempre, apesar dos desafios

Correndo, suando, fortes como aquele soldado da rainha

Sempre, apesar desse ingrato tempo

Fechamo-nos em vida, para que nossa vida seja cor

Sempre, apesar das ervas maldosas

Somos aquela vitória, que germinou tão linda, em forma de flor

João Paulo Brasileiro

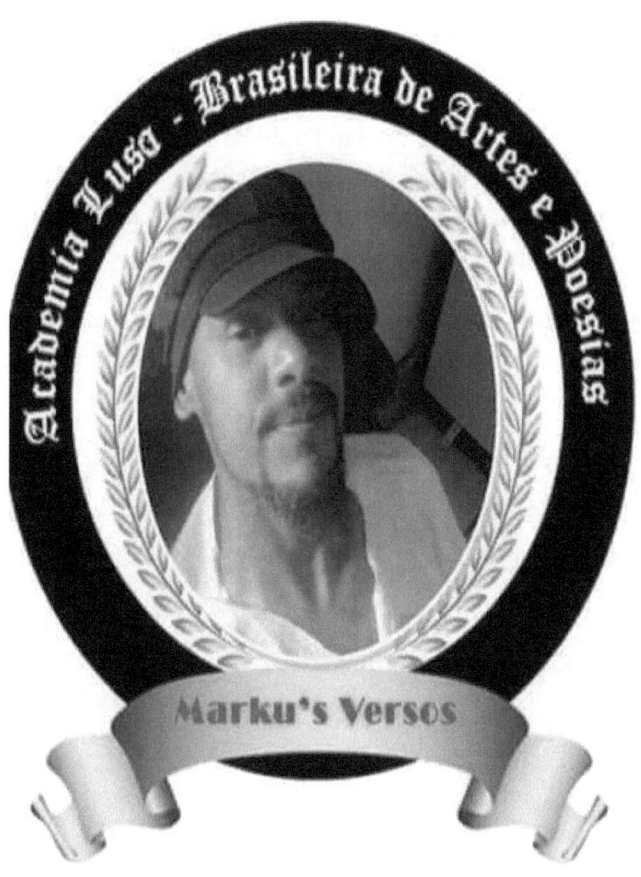

Acadêmico Marku's Versos

Nascido na cidade de Suzano – SP, no dia 20 de Outubro de 1975

Trabalha na área de saúde, atuando em enfermagem.

Aventurou-se no mundo literário em 2004, desde então escreve até os dias atuais.

Na juventude foi ativista social e político em prol de causas anti-racismo, por direitos civis e igualdade e transparência política.

Após uma perda pessoal, deixou São Paulo para viajar, vivendo como nômade, com passagens por diversos estados brasileiros e passagem por Chile e Argentina, afim de viver experiências sociais, conhecer pessoas, lugares e aprender com novas culturas.

Atualmente mora no Estado do Paraná, ainda exercendo a enfermagem, e paralelamente, trabalha em seu Blog e na publicação de seu primeiro livro! Patologia do amor

O Valor do amor

É bom ser amado pelo que temos e somos

Sem mascars ou falsidades

Alguém que nos aceite com nossos defeitos

Que nos aceite como estamos

O amor acontece quando o outro nos pega pela mão

Nos acolhe e nos convence que nos ama

Quem ama não vive de expectativas

Mas sonha

E torna sonhos em possibilidades reais

Somos amados quando nos mostramos de verdade

Quando agimos com empatia

Com reciprocidade

Quando valorizamos e respeitamos quem nos acitou

Fazemos isso

Por que sabemos o que é o amor

Marku's Versos

Meus escritos Minha vida

No papel o poeta escreve ávida
Sem esquecer a poesia que o mestre ensinou
No papel de verso e prosa
Vou rompendo a madrugada
Sobre a noite enluarada
Me declamo à vida e ao amor
Levo comigo emoções de n, pois, me dão esperança
De um amanhã melhor
Eu tenho a alma sofrida
O beabá da vida aprendi de cor
A grande harmonia procuro entre linhas
No meu dia a dia a boa poesia
Me faz esquecer as desventuras da vida
Os versos me arrepiam por que vem da alma e tocam o coração

Marku's versos

Então vai...

Está tudo bem
Se quer ficar com ele
Pode me deixar aqui
Então vai...

Oh meu amor
Ninguém é de ninguém
A vida segue e continua
Então vai...

Cada um com suas escolhas
E Deus por todos nós
Não olhe para trás
Então vai...

Neste exato momento
Me encontro á chorar
Saudade rasga o peito
Lembranças me torturam
Mesmo assim vai...

Tenho caneta, papel e coragem
Expresso nas linhas
Como é grande meu amor
Maior ainda minha dor
Mas vai...

Não quero ser ele
Pois com ele também será assim
Mulher de fases
Por isso vai...

O destino não foi cruel
Cruel foi o destino
Que deu ao meu amor
Então vai...

Marku's versos

Jardins e corações

O coração território sagrado da vida
Por mais descobertas feitas no solo do coração
Ainda há muitas terras desconhecidas
Encanto que nos faz desejar estas terras
As sementes, o plantio
É preciso cuidado para que erve daninhas não sufoque as flores
Não remova o viço, o perfume, as cores
Há uma mística de vencer á ânsia do tempo
Contemplar dia a dia o que se plantou e ver brotar
Acompanhar de quantas vidas é feita uma árvore
De quantos cuidados cresce um amor ou uma amizade
Um jardim alimenta sonhos
Prova concreta que Deus existe
Coração e jardim...
Lugar de afeto, do silêncio que dispensa argumentação
Às flores despertam para o esquecimento de mágoas
O tempo é próprio para o plantio
Escolho corações e pessoas férteis
Fiz uma cerca viva destes
Para proteger minhas flores e meu coração
De quem não sabe amar nem admira jardins

Por Marku's Versos

"O SOL A LUA E O AMOR"

É lindo ver o sol se por pra lua
Inspira as paixões e motiva os amores
Encanta os olhos e o coração
Viagem na eternidade infinda
Tudo é natural e inigualável
Somos contemplados e abençoados pelo universo
É um deleite sublime prazer
Um desejo profundo e fiel
Além do céu nos leva mais longe
Uma viagem no qual jamais queremos retornar
Um rio preenchendo o mar
Soberano e profundo
Como os ricos sentimentos
Que habitam em nós

Por Marku's Versos

"PATOLOGIA DO AMOR"
(Parte 1)

Quando se examina a natureza das doenças percebo que se originam das paixões e inquietações do espírito
A idade do Ouro que está isenta delas estava também isenta das doenças
A idade da Prata que veio em seguida conservou sua pureza
A idade do bronze deu origem as paixões e inquietações da alma
Tinham a fraqueza da infância e toda sua ingenuidade...
Mas vivemos a era do ferro com toda sua força e malignidade se difundindo no mundo com sua consequente corrupção
Falta de reciprocidade e empatia produz as febres agudas e frenéticas a inveja produz a icterícia e a insônia as paralisias e os torpores
A cólera produziu as sufocações as ebulições e inflamações do peito.

Por Marku's Versos

"PATOLOGIA DO AMOR"
(Parte 2)

O medo de amar alterou as batidas cardíacas e produz síncope enquanto a vaidade provoca a loucura
A avareza deu origem a sarnas a tristeza e a crueldade causam cálculos renais e as calúnias e falsas relações espalham a rubéola
Ao ciúmes devemos a gangrena e a peste a raiva enquanto os processos deram origem ao aneurisma cerebral
Dinheiro produziu febres éticas e o tédio do casamento a febre quartã
O amor por si só causou mais males do que trouxe curas e todo resto somado ninguém experimentou exprimi-los
Mas como causa também das melhores coisas da vida em vez de amaldiçoar o amor é melhor silenciar
Respeita-lo sempre
E do amor que não cura sempre nos remediarmos

" vida vista por meus olhos"

A vida é uma linda festa
São cores de uma aquarela
E nada se compara a razão de viver e amar
Vidas em comunhão,em elos,em alianças
Entrelaçadas em harmonia,esperanças
Quem ama faz da vida um eterno sonhar
Aah esses céus azuis
Esses campos verdejantes
Aah esses amores são como orvalho
Repousam sobre as flores nos campos e jardins
E a pureza da vida que emana dos corações
Como passsaros livres cantam feliz sobre o amor

Por Marku's versos

"FALSOS ENCANTOS"

Búzios e tarô falharam
Traziam lembranças
Apenas memórias passadas
Nada diziam sobre o futuro
As ciganas traziam fatos envelhecidos
E o que me importa o que já não vivo
Minha dor está no presente
Mas a vidente me disse
Que meu pranto iria secar
Sofrer pelo que se foi
Ansiar o que talvez nem aconteça
Eram falsas as bolas de cristais
O melhor é esperar
Prefiro apenas acreditar
Que as possibilidades surgirão
A apartir das escolhas de hoje
Amanhã é só um talvez
As cartomantes mentiram
Malditas sejam as feiticeiras
Não conseguem prever a paixão
Para que antes de amarmos
Pudéssemos nos prevenir da dor

RECOMEÇOS

VOL 4

COLETÂNEA ENCONTRO DE POETAS

Agradeço imensamente aos amigos poetas que doou à esse livo
OS SEUS MARAVILHOS TEXTOS POÉTICOS!

AGUARDEM...

EM JANEIRO O NÚMERO 5 (DUETOS) DESTA COLETÂNEA

ENCONTRO DE POETAS

JPC Editores

jpceditores.publicidade@bol.com.br

www.ingramcontent.com/pod-product-compliance
Lightning Source LLC
Chambersburg PA
CBHW030640220526
45463CB00004B/1588